吉田類の愛する低山30

NHK出版

まえがき

山をとにかく楽しみたい、そう考えて低山登りを始めた。もちろん高齢ゆえの身体ケアは心がけている。けれど番組で5、6座を登り終えたころには、若き日に培った山歩きの体力が少しずつ戻ってきた。僕が低山の魅力に嵌まった理由の一つは、故郷が四国山地の真っただ中にあったことだろう。

小学校中級生ころの夏休み。4人ほどのわんぱく仲間で登山をしたことがある。地元の裏山ながら、子供らだけで登るにはハードだと聞かされていた。その山については〝はげ山〟という呼び名を知るだけ。僕らは誰も登ったことがない。登山装備も心得もないままに挑んだ。身軽だったせいか、思いのほか早く頂上へ辿り着けた。山は茫々たる荒れ地で視界を遮る木立がない。

見渡せば幾重にも重なる山並みは果てしなくつづき、気の遠くなる広大さ。土佐湾の一部が山並みの彼方に煌めいていた。無謀極まりない子供たちだけの登山だったが、幸運にも無事下山できた。翌年僕は故郷を離れ、二度と登ることはなかった。

ところが最近、このはげ山の記述をインターネットで見つけた。標高1073m。「にっぽん百低山」で紹介した高知県越知町の横倉山（標高800m）とは古道で繋がる峰つづき。萱を刈り取る〝萱場山〟で、修験道の山でもあった。茅葺き屋根を見かけることも少なくなった昨今、各地の萱場山は人工林や雑木林に変わりつつある。はげ山の萱場もすでに無いという。しかし、この少年期の登山体験が僕の脳裏に焼き付いており、山を登るたびに蘇ってくる。

息を呑むような絶景と対峙したり、山岳信仰の不思議さと絡まったりする低山。いったい幾座あるのだろうか。番組プロデューサーの答えは「数千は超えるでしょう」。万葉の歌に詠まれた大和三山だって標高140m～200mの立派な低山。数えてもキリがないだろう。

縄文期の太古から命を育んできた列島の山々。人は水源を神聖なるものと敬い、その恵みに感謝してきた。山岳を見据えた自然崇拝から神道へ、そして神仏習合の修験道へと受け継がれた精神文化も山には刻まれている。石仏や祠に手を合わせ、時に断崖の鎖場をよじ登るのも低山の醍醐味。

現代、登山は健康回復を目的に始めて、いつしか信仰のようなものを抱くようになったケースも多い。ある登山道で山頂の神社と登山口の往復をくり返す女性に出会った。そこで「そのパワーは信仰心からですか」と尋ねたことがある。すると「スポーツです」あっけらかんと笑顔で言う。なんとも大らかでいい。

僕は少年時代と変わらぬ冒険心を低山歩きにぶつけている。忘れもしないあの光景。切通しの大峠に差し掛かると、前方に山並みのシルエットを映し出した大夕焼けが待ち構えていた。思わず手をかざした。おそらく指先まで紅く透けていただろう。

エコシステムを象徴するキャッチフレーズ「森は海の恋人」。なんとも美しい言葉だ。僕はそこに「山は命とくらしの揺り籠」を添えたい。

本書を手にしてくださった皆さん。さあ、揺り籠を肌で感じてみませんか。

吉田　類

目次

本書は吉田類さんと一緒に「誌上登山」を楽しむ一冊です。実際に山に登る場合は、適切な準備をし、安全な登山を心がけましょう。

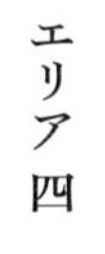

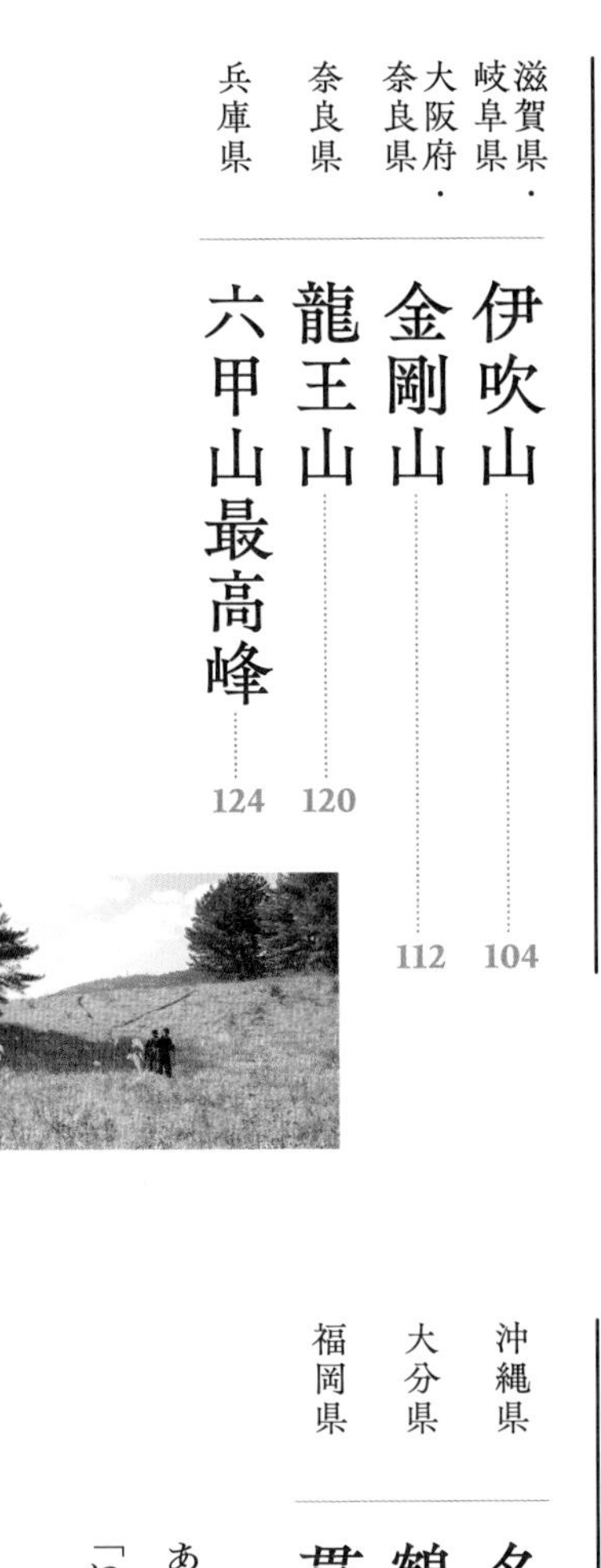

エリア一 北海道・東北

心地よい木漏れ日が射すダケカンバの森の中を進む

北海道

手稲山（ていねやま）

金山が生んだスキー文化発祥の山

札幌市近郊にあり、冬にはスキー客で賑わう手稲山。アジア初の冬季オリンピックの競技会場になり、その名が世界に知られた日本のスキー文化の発祥地だ。さらに歴史を遡（さかのぼ）れば、砂金に沸いた鉱山としての顔も持つ。雪解けと共に登山道沿いに現れるのは、今の姿からは想像もつかないかつての繁栄の跡。北海道近代史に触れつつ、山頂からの壮大な眺望を楽しむ。

ゲレンデの登山道は厳しい急登ながら眺望は最高

標高	1023m
距離	約9km
時間*	約4時間

＊登山口から山頂までの標準的な所要時間です。（以下同）

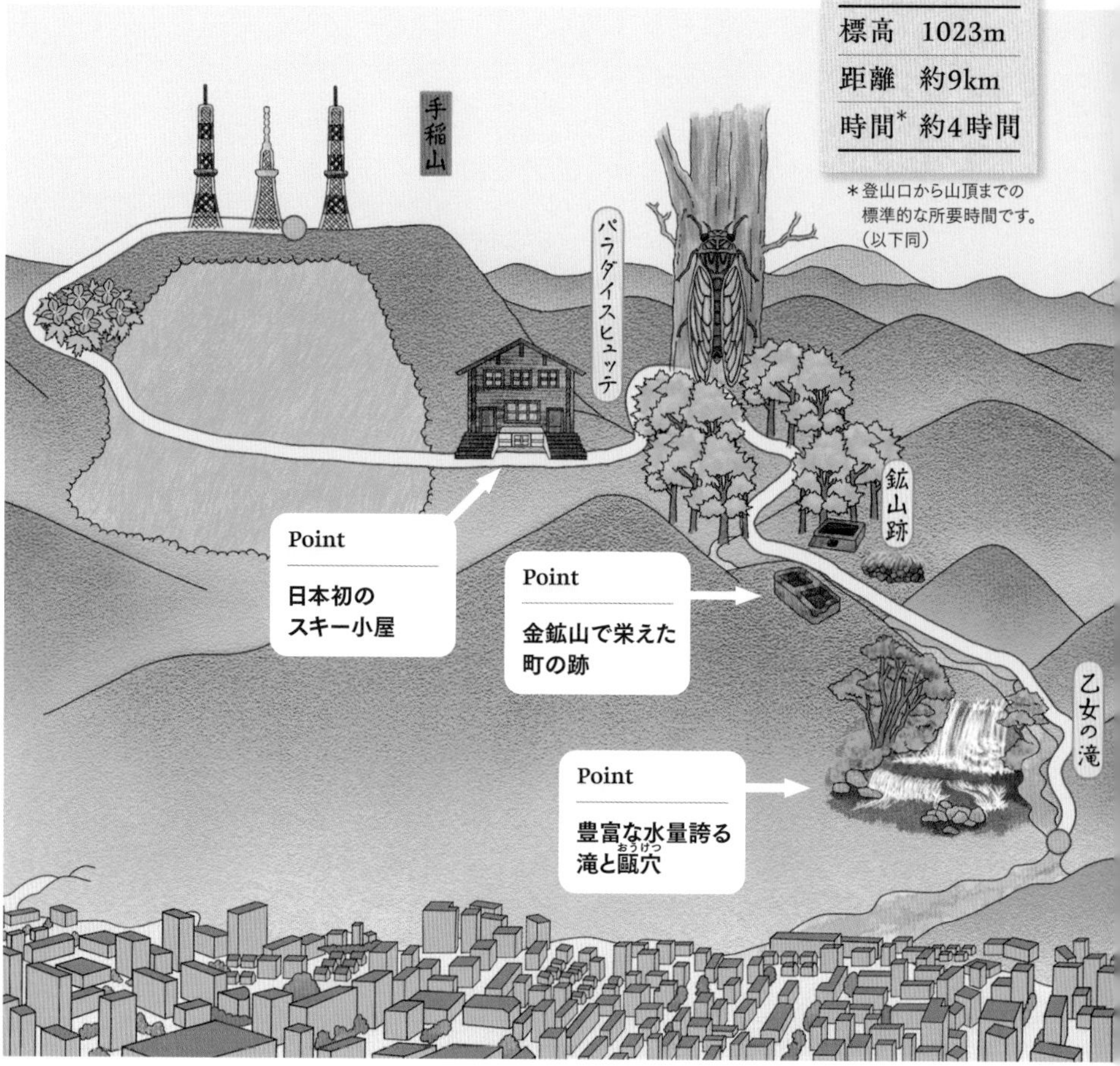

手稲山

パラダイスヒュッテ

鉱山跡

乙女の滝

Point
日本初のスキー小屋

Point
金鉱山で栄えた町の跡

Point
豊富な水量誇る滝と甌穴（おうけつ）

札幌のベッドタウンにある通年楽しめる山岳リゾート

ＪＲ北海道の駅では、利用者数の多さで札幌駅に次ぐ手稲駅。その南口を出ると正面に手稲山の姿を確認できる。山頂直下から中腹に広がるスキー場は、１００年以上の歴史を持ち、札幌オリンピックの会場として名を馳せた。今でも周辺の学校のスキー授業に利用されるほど、札幌市民にお馴染みの山。５月頃までスキーが楽しめ、雪解け後は新緑や紅葉目当てのトレッキングも盛んだ。そんな人気レジャースポットの知られざる歴史に触れることにしよう。

場所により札幌中心部からもその姿を望める

登山口～鉱山跡

沢沿いの道で出合う力強き滝と栄華の跡

北海道の自然を愛し、道内各所の山へ足を運んだ類さん。最近では同じ札幌市内にある藻岩山（もいわやま）を〝ホームマウンテン〟と呼ぶほど通っているが、手稲山に登るのは今回が初めて。しかも藻岩山の倍近い標高に「まあ頑張って行ってみます」と気を引き締める。

滝の沢川のせせらぎを聞きつつ、歩きやすい林道を行く。ほどなくして、道の脇に〝乙女の滝〟の道標が。コースからは少し外れるが、名前とは裏腹の、雪解け水が豪快に流れ落ちる姿には立ち寄る価値がある。

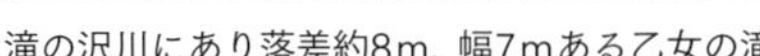
滝の沢川にあり落差約8m、幅7mある乙女の滝

コースへ戻る途中、周囲を見ると苔むしたコンクリートの人工物や朽ちかけた石垣が続く。「この辺は人工物が多いな…」と首をかしげる類さん。これらは明治時代から昭和初期にかけて栄えた金鉱山の住居跡。最盛期は麓の手稲村より人口が多かったが、1971（昭和46）年に閉山。「当時は住宅街で、木は一本もなかった。でもすぐにこうやって自然に戻るわけだ」。自然の回復力に類さんは目を見張る。

鉱山遺構が残る林道から、本格的な登山道へと変わると同時に、「ケケケケ…」と賑やかな鳴き声が明るい森にこだまする。「ハルゼミ！ ハルゼミ！」。北海道の遅い春を告げるエゾハルゼミの鳴き声に、類さんも少年のように興奮しきりだ。

ここでみつけた

エゾハルゼミ

5月中旬から7月末頃まで全国で見られる。関東以西は標高1000m以上に生息する。

Column

日本の産業も支えた かつての手稲鉱山

明治20年代半ば、手稲山麓の農家・鳥谷部弥平次が偶然金鉱脈を発見。その後、手稲鉱山として開発が進み1940（昭和15）年から1942（昭和17）年までの出鉱量は約185万4千トンに上り、日本で二番目の規模を誇った。最盛期の1941（昭和16）年には鉱山周辺に多くの人が暮らし、住宅、学校、病院、娯楽施設などが建ち並んでいた。

鉱山跡〜山頂

苦戦を強いる急登を越え雄大な山頂へ

白い木肌が北海道らしいダケカンバの森を歩いていくと、洒落(しゃれ)たログハウスが姿を見せた。これは北海道大学が管理する山小屋のひとつ。大正時代、日本で初めてスキーを楽しむための拠点として建てられた。

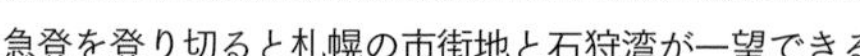

急登を登り切ると札幌の市街地と石狩湾が一望できる

ゴールドラッシュに沸いていた当時、周辺の人口が急増。人々は手稲山の木を燃料として伐採した。スキーが日本に伝わったのもちょうど同じ頃。伐採ではげ山と化した斜面が、恰好のゲレンデになることに、学生が目をつけたのだ。「いやいや、謎が解けました」と、札幌を代表するスキー場のルーツが金山にあったことに類さんも合点がいく。

登山道はそのゲレンデへと続く。かつて札幌オリンピックスキー大回転のコースになっただけに、急斜面が迫る。「ちょっと待って。あれ登るの?!」と戸惑う同行者に、類さんも「ははは」と笑って返すしかない。

急登だが遮るものはない。振り返れば、札幌の市街地の先に石狩湾が弧を描く。さらに途中、シラネアオイの群落がエールを送る。眺望と麗しい花がせめてもの救いだ。

電波塔の間を抜けて山頂へ。南には、羊蹄山(ようていざん)を筆頭に起伏に富んだ稜線が連なり、先ほどとは対照的な山岳パノラマが展開する。「北海道をダイナミックにとらえられる風景だ」。類さんも時を忘れて見入っていた。

Column

鉱山がスキー文化に火をつけた

一説では“テイネ”はアイヌ語で“濡れている場所”という意味もあり、それほど雪が多い。また鉱山開発により、伐採された手稲山はゲレンデにも適していた。標高550mの手稲パラダイスヒュッテは、1926（大正15）年に北海道大学スキー部によって、日本初の山スキーの拠点として誕生。現在の建物は1994（平成6）年に再建されたもの。

類さんの一句

天上は白根葵の彼方かな

白根葵＝夏の季語。
句意：手稲山のゲレンデを急登する登山道脇に白根葵の群生が見られる。そのまま天に向かって上ると空へと消える僕たち。下方からのカメラアングルをなぞらえたシーンが句作モチーフ。白根葵のような貴方＝彼方＝あなたの意味にもなる。

手稲山では5月中旬から6月上旬にかけて花開くシラネアオイ

手稲山へのアクセス

手稲金山登山口へは、公共交通機関の場合、JR手稲駅南口から「手稲鉱山」行きバスに乗車、終点下車。車の場合、手稲ICを降り、国道5号を小樽方面へ。宮町浄水場方面へ左折し、乙女の滝方面へ進むと駐車スペースあり。

山頂ショット

札幌の街並みから石狩湾まで全て見えることに驚きました。それ以上に、その反対側に広がる北海道の壮大な山並みは「なぜもっと早く来なかったんだろう」と後悔するほどの素晴らしさでした。

下山の後のお楽しみ ～大助～

北海道を代表する魚介のひとつ、サケ。季節外れの5～7月に水揚げされるものを"時鮭(ときしらず)"と呼び、珍重される。さらにそのなかでも太く脂がのった最高峰のサケが"大助(おおすけ)"だ。刺身で味わえば、とろけるような舌触りと上品な甘さが口いっぱいに広がる。旬の季節であっても、運が良いと口にできるというほど希少な一品。

店舗名	道産子厨房 山おやじ
住所	北海道札幌市手稲区手稲本町1-3-2-12 宮里ビル1F
TEL	011-695-3800

北海道

藻岩山

北の都に伝える歴史と大自然

札幌の街を見守るようにそびえる藻岩山。そこに広がるのは遥か昔から守られてきた森。人口200万人近くを擁する北の大都市のすぐ近くにありながら、世界的にも珍しい貴重な大自然が守られてきた。先人が現代に残した財産の山へ。

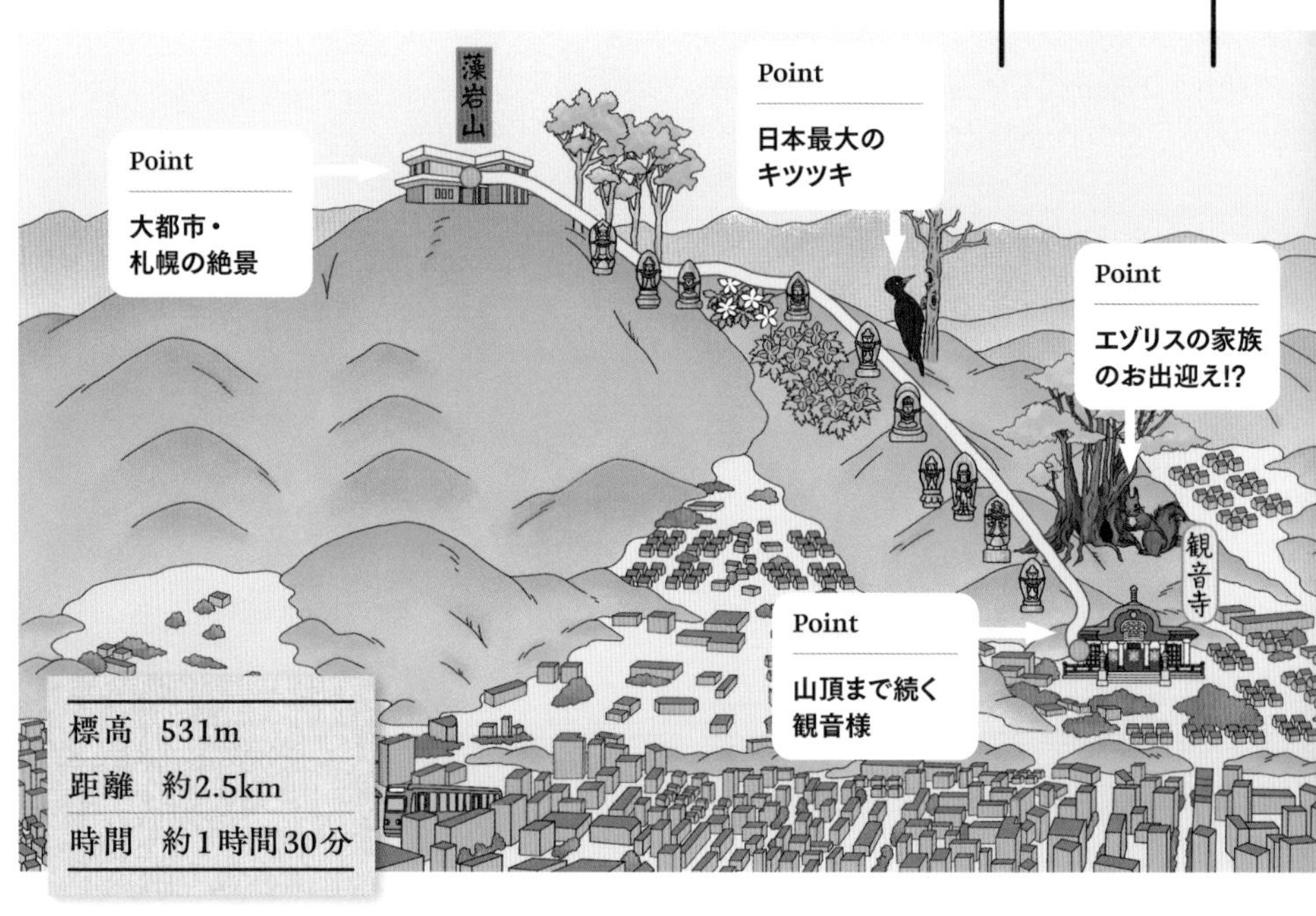

都市隣接の抜群のアクセスで天然記念物の森に親しめる山

最も近い登山口なら札幌市中心部からわずか20分で辿り着ける藻岩山。山頂まではロープウエイでわずか10分程度。遠足、校外学習の地としても親しまれており、主な登山道は整備が行き届き、誰もが気軽に足を運べる。約400種もの植物が自生する豊かな森は、その価値が認められ北海道初の国の天然記念物に指定された。この森を歩くことで、アイヌ史、そして現代の札幌の繁栄の歴史を知ることができる。

北の大地らしい原始の森を観音様が導く

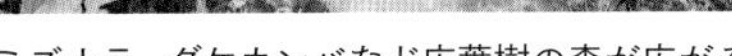

「この登山道には山頂まで観音様がたくさんいるんですよ」とガイドよろしく、同行者を導くように先を行く類さん。北海道への出張時には、仕事の合間に藻岩山へ登ること50回以上。ここは類さんが公言する〝ホームマウンテン〟のひとつだ。

ミズナラ、ダケカンバなど広葉樹の森が広がる

　慈啓会病院前登山口から歩くこと数分。「そこにある巨木にエゾリスの家族が住んでいたんですよ」とカツラの巨木を指さす類さん。住宅街がすぐそばに迫りながら、藻岩山の森は実に豊かで深い。

　開拓期には伐採の危機に直面しつつも、かろうじてその姿を留めたのは、国内外の植物学者らが鳴らした自然保護の警笛のおかげ。それは、エゾリスをはじめ、日本最大のキツツキ・クマゲラなど、本州以南では目にすることのない動物たちとの出会いからも分かるはずだ。

「こんにちは類さん、この前も（この山中で）お会いしましたよ」と登山客から声がかかる。冬でも毎日登るというその登山客をはじめ、行き交う人々が多い。時には「お酒、大丈夫ですか？」と問う人に苦笑させられながらの山行も楽しいもの。

「こういう山が庭先にあるのは素晴らしいですね」。この山が札幌市民に愛されているのを実感しながら、類さんは歩を進める。

Column

山頂まで続く33体の観音像が見守る登山道

今回登る慈啓会病院前コースは、1885（明治18）年、浄土宗の寺により道が開かれた。1901（明治34）年には参道沿いに、西国三十三所観音霊場を模した33体の観音像が置かれ、山頂には石堂が建てられた。その後現在まで続く奥の院として整備されている。かつては信者が毎年山頂に参拝する山開きが行われ、信仰の山として親しまれた。

クマゲラの食痕～山頂

大都市と大自然の共存を目の当たりにする頂（いただき）へ

登山道は斜度を増し、高度を稼いでいく。時に木々の間から札幌の街並みが顔をのぞかす。「藻岩山の開発にストップをかけてくれたのは、本当にありがたいことですね」。歓楽街ススキノもある意味、類さんのホームだが、目の前に迫るビル群と、今身を置く森とのギャップを感じているようだ。

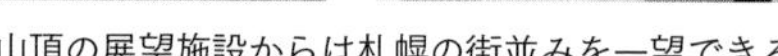
山頂の展望施設からは札幌の街並みを一望できる

やや疲労気味の同行者を励ますように、登山道沿いには多彩な花々が顔を見せる。紫色が優美なシラネアオイ、白い可憐なニリンソウなど、藻岩山にはおよそ400種類の植物が自生する。

「頂上じゃないよ、ここは」と、尾根に出ただけなのに、登頂したかのように歓喜する旧知の同行者を諭しつつ、山頂を指さす類さん。ここから約1km続く急登になる。

本州では標高1000m以上で見られるシラカバも、徐々に現れ始める。「山頂が近づくにつれ、木の種類が変わってくるのが、すごく分かる！」と疲労困憊（こんぱい）の同行者ですら、その変化を思わず口にする。

32番目の観音様に導かれ山頂へ。西から南にかけて連なるダイナミックな山々、そして東には大都市の街並み。「今まで来た藻岩山の中で、一番の風景です！」と、札幌在住ながら初めて自らの足で登頂した同行者も、感嘆の声を上げた。

ここでみえる

ヒトリシズカ

4月下旬～5月上旬に数多く見られる。花弁やガクはなく白い雄シベが葉に抱かれた姿が特徴的。

Column

時代に翻弄されつつ残された自然

明治初頭、札幌の急激な開発に危機感を抱き、藻岩山の禁伐令が出る。しかし、明治中期にはそれも緩み、伐採が始まる。当時アメリカの植物学者サージェントが、藻岩山の希少性を訴えるも、保護は進まなかった。その思いを継いだ日本の植物学者の働きかけにより1921（大正10）年、天然記念物に指定。森は守られることになった。

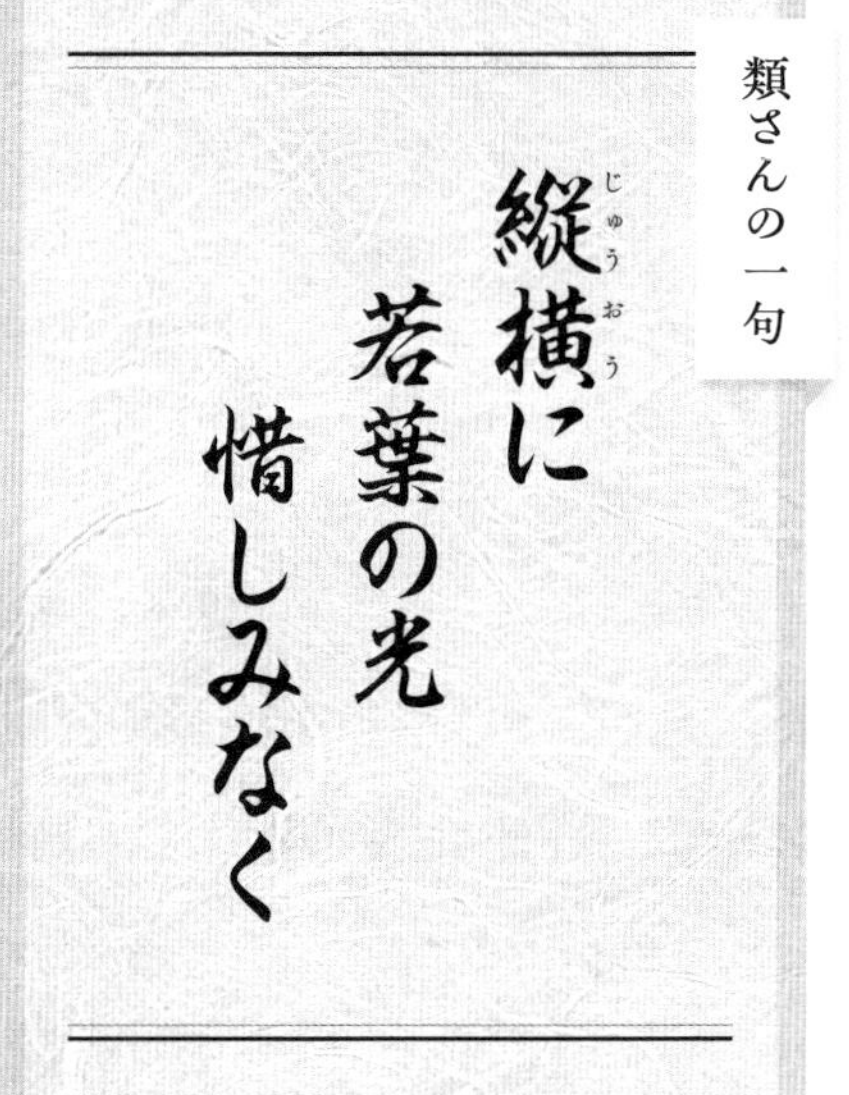

若葉＝夏の季語。
句意：藻岩山の原始林（広葉樹）に生い茂る若葉を通して、縦横無尽に耀く木漏れ日がモチーフ。

「藻岩山原生林」と呼ばれる森は、厳密には原生林に近い天然林が残されている

藻岩山へのアクセス

慈啓会病院前コースの登山口へは、公共交通機関の場合、地下鉄円山公園駅からバス「ロープウエイ線」乗車、「慈啓会前」下車。

車の場合、国道230号から道道89号へ。「もいわ山登山道入口」の標識に従って進み、登山口横にある観音寺駐車場が利用できる。

類'sインプレッション

カツラの巨木に住み着いていた
エゾリスの家族との出会いが、
藻岩山を大好きになる
きっかけでしたが、
今回改めて北海道の
歴史に触れることで、
この山をちょっと違った目で
見られるようになりました。

下山の後のお楽しみ
〜ジンギスカン〜

北海道の郷土料理ジンギスカンは、あらかじめタレに漬け込んだ羊肉を焼いて食べるスタイルと、焼いた羊肉をタレに付けて食べるスタイルの2種類がある。羊肉も仔羊のラムと生後2年以上のマトンがあり、柔らかなラムとしっかりとした味のマトンと好みが分かれる。訪れた「アルコ」では厳選したマトンを後付けのタレで堪能できる。

店舗名	アルコ
住所	北海道札幌市中央区南3西7-3
TEL	011-221-7923

北海道

函館山

観光名所に隠された歴史

北海道南部の玄関口のシンボル・函館山。年間180万人が訪れる北海道屈指の観光スポットだ。しかし一時期は地図に載らない「幻の山」だった。幸いにもそれが転じて、自然が残る植物の宝庫となった。華やかな観光地の陰でひっそりと眠る遺構を通じて、歴史を振り返る。

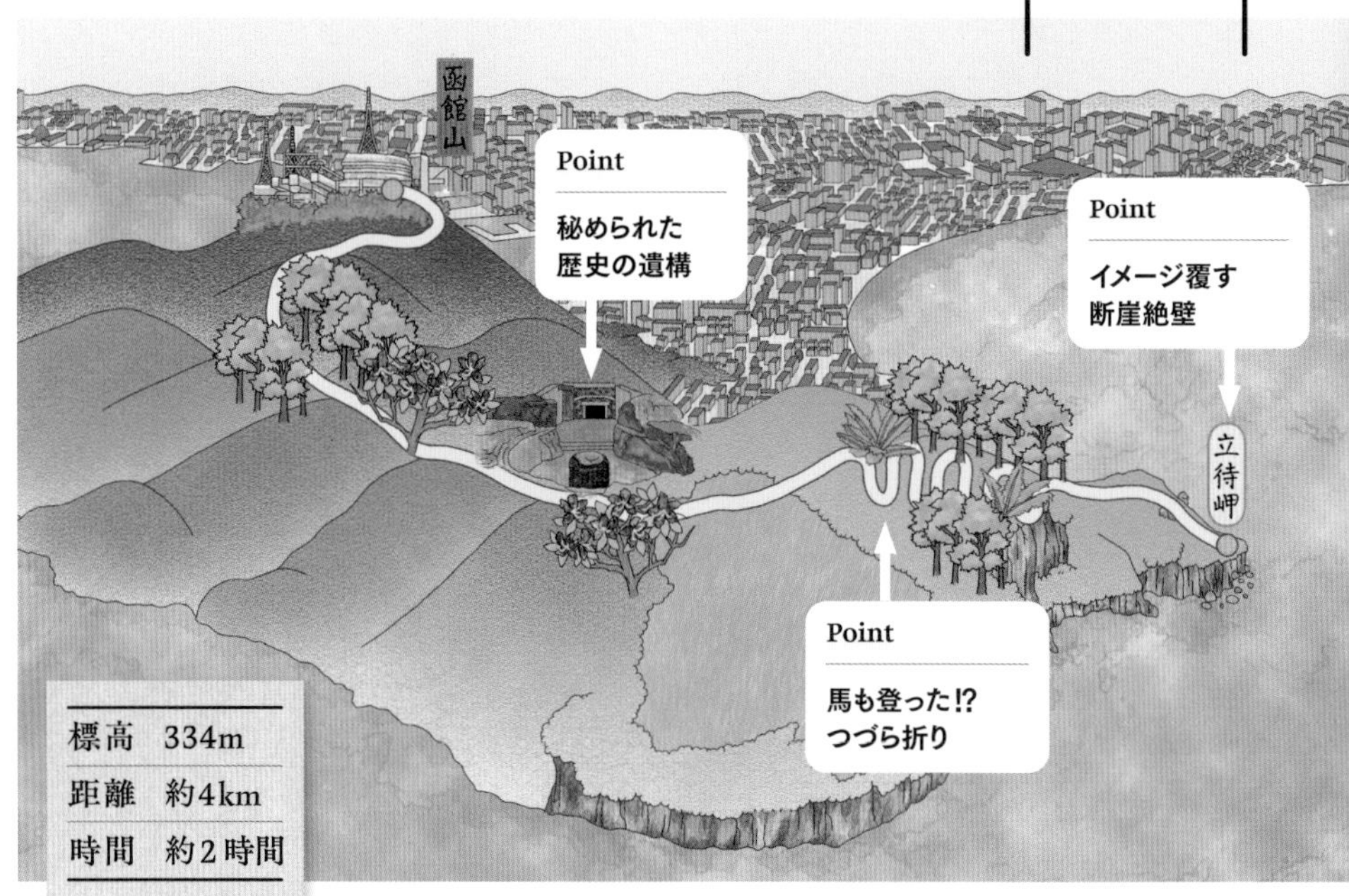

標高	334m
距離	約4km
時間	約2時間

表からはうかがい知れない裏の歴史と自然を探訪する

世界三大夜景にも数えられる函館山は、ロープウエイを利用するのが一般的。その一方で、登山コースも複数あり、手軽にハイキングが楽しめる。今回は南東斜面に突き出た立待岬からのびる七曲がりコースを行く。登山道には、絶滅危惧種のシダ類や数多くの草花が息づき、意外な森の奥深さに驚かされる。山頂近くに現れる大規模な軍事施設の遺構も探検。豊かな自然はこの存在が大きいという。その意味を探っていく。

登山口〜要塞跡

津軽海峡の荒波寄せる断崖絶壁に山の成り立ちを見る

登山口は函館山の南斜面にある立待岬

函館山には何度も登ったことがある類さんだが、立待岬（たちまちみさき）から望むこの山らしからぬダイナミックな風景を前にすれば、「いやあ、すごいねえ…」と感嘆するしかない。

荒波が砕け、人を寄せ付けない断崖絶壁が続く函館山の南斜面。よもや人気観光地とは思えない岩山の姿は、太古の火山活動によってできたという。

立待岬にほど近い登山口から森へ入る。見上げればブナなどの新緑が覆い、足元には様々な草花が登山道に彩色を施す。緩やかながら「七曲がり」と呼ばれる長い登りに息が上がる。類さんが「あとどれくらい曲がるのだろう？」といぶかしがるのも当然。実際は27回もつづら折りが続く。

難所を越えると視界が開け、津軽海峡の真っ青な海が飛び込んできた。ここからは稜線となり、ツツジがさらに周囲の彩りを鮮やかにする。

突如現れた石造りのトンネルや構造物。これは1898（明治31）年から構築された軍事要塞の跡。先ほどの立待岬は、これを造るために採石場となった。「かなり古いものですね」と類さんが推測するように、戦後まで長きにわたって存在した要塞。それが自然を守る要因となったことを、類さんは後に知ることとなる。

Column

函館の観光名所もつくった立待岬の岩石

およそ100万年前の海底火山の噴火によって生まれた函館山。安山岩によって形成され、固くて丈夫な性質から、要塞の石材だけでなく、函館のまちづくりにも役立てられた。なかでも有名なのが函館市内の八幡坂の石畳。坂の上からは、石畳の先に繋留された青函連絡船が望め、撮影スポットとして、観光客に人気を誇っている。

七曲がりの道はかつて馬が石材を運んだ

七曲がりを抜けると津軽海峡を望める

要塞跡～山頂

戦争の痕跡と共に受け継がれた豊かな生態系

コースから少し離れ、稜線上に残された軍事要塞跡を進む。朽ちかけた構造物には植物が生い茂り、自然と渾然（こんぜん）一体になりつつある。

この施設が実戦で使われることはなかったが、1946（昭和21）年まで一般人の立ち入りが禁止され、機密のため地図から消された。

「（そのおかげで）野生が残ったのですね」。現在まで続く函館山の自然が、負の歴史にあったことを類さんも認識したようだ。さらに戦後、この貴重な自然に気付いた麓の人々が、函館山の開発を制限したことも功を奏した。

再び鬱蒼（うっそう）とした森の中へ入ると、頭上からウグイスをはじめとする野鳥の歌声が響く。「なんてきれいな声なんだろう」と類さんも思わず足を止めて聞き惚れる。この山に営巣する野鳥は約150種類。これもまた要塞に森が守られた結果だ。

山頂の展望台に続く階段を登り切る。「やったー！　僕が好きな駒ヶ岳（こまがたけ）も見える」。初めて自らの足で果たした登頂だけに、見慣れた風景でも、いつも以上に鮮明に見えるように感じる。

眺望を楽しむ類さんの背後から同行者が近づく。「誕生日おめでとうございます！」。実はこの日が誕生日。日本酒のプレゼントを手に、類さんはただ照れ笑いするしかなかった。

Column

要塞化で存在を消された函館山

日露戦争を機に、要塞化が進められた函館山。当時最新の大砲を配置した4基の砲台、発電所、観測所、指令所などが建設された。有事の際には5000人が常駐できるほどの規模だった。機密保持のため、太平洋戦争終結まで立ち入りが制限され、写真撮影やスケッチも禁止された。これが自然の宝庫となるきっかけとなった。

ここでみえる

タニウツギ

5～7月、北海道西部以南の日本海側に見られる。古くから観賞用に植栽されることも多い。

鮮やかなツツジに彩られる要塞遺構

類さんの一句

鳥瞰(ちょうかん)の函館山や風薫る

風薫る＝夏の季語。
句意：函館山は小鳥たちが目印として飛来するという。まさに鳥の目線(鳥瞰)で捉えた函館の風景が度々見られたのが句作のヒント。立待岬にはカモメの飛ぶ光景もありましたが…。

ミシュラン・グリーンガイド・ジャポンで三つ星を獲得した函館山からの眺望

函館山へのアクセス

登山口の立待岬へは、公共交通機関の場合、路面電車「谷地頭」電停から徒歩約20分。

車の場合、「谷地頭」電停から「立待岬」の標識に従い約5分。無料駐車場あり。

山頂ショット

この山が"宝の山"だということを再発見しました。立待岬の荒々しい風景、恐竜が出てきそうな森、そして色合い美しい草花。大好きな函館、この山がますます好きになりました。

下山の後のお楽しみ
～キタムラサキウニ～

ウニの漁獲量日本一の北海道。獲れるのは主にエゾバフンウニ、キタムラサキウニの2種類で、種類により一年を通じて楽しめる。こちらではミョウバンを使わない無添加でクリーミーな甘さのエゾバフンウニとキタムラサキウニが味わえる。合わせるのは箱館醸蔵の『郷宝 特別純米』。米本来の味わいがウニと良く合う。

店舗名	うにむらかみ函館駅前店
住所	北海道函館市若松町7-1
TEL	0138-24-8500

秋田県

田代岳

〝神の田〟を擁する五穀豊穣の山

ブナの原生林が広がる白神山地。その東端に位置する田代岳は、秋田県北部から青森県南津軽地方まで、恵みの水をもたらす山。その象徴が九合目付近にある高層湿原。そこに点在する池塘を、稲の豊凶を占う〝神の田〟と呼ぶ。ブナの森を抜けると、高山植物と池塘が繰り広げる希有な風景。そこに今も篤い信仰を集める理由がありそうだ。

田代岳の麓に広がる水田を散策する類さん

21　ササとブナが混在する森を行く

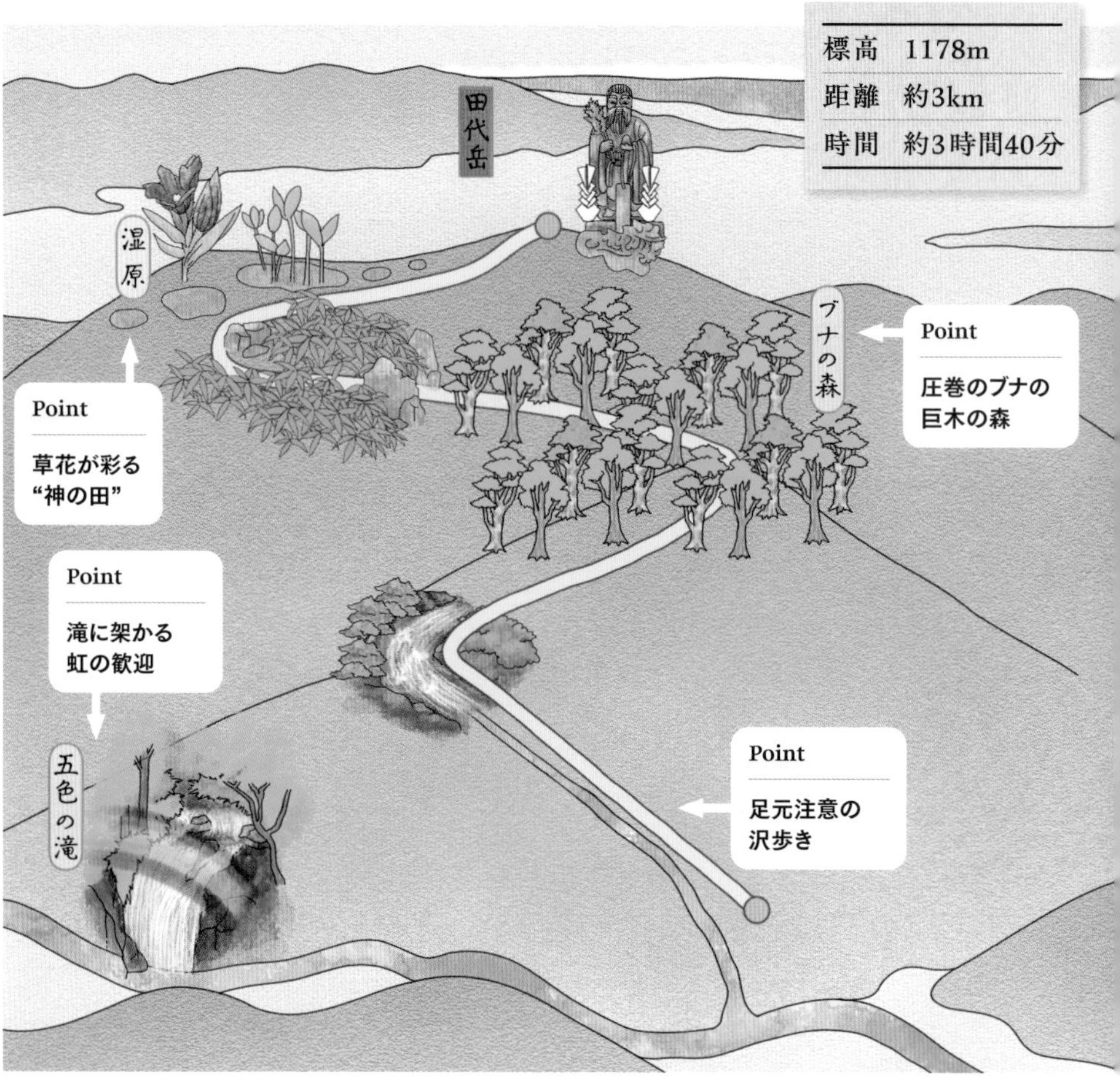

標高	1178m
距離	約3km
時間	約3時間40分

田代岳

湿原

ブナの森

五色の滝

Point
圧巻のブナの巨木の森

Point
草花が彩る“神の田”

Point
滝に架かる虹の歓迎

Point
足元注意の沢歩き

白神山地の奥深さを知る達成感のあるトレッキング

秋田県と青森県の県境付近に位置する田代岳は、白神山地に属し、雷岳、烏帽子岳、茶臼岳の三山と連峰を形成している。古くから豊かな水を周辺地域にもたらす五穀豊穣の山とされ、農家による参拝登山が行われてきた信仰の山でもある。登山コースは5つあり、今回は人気の高い荒沢コースを歩く。同コースは二合目付近から迂回ルートもある。ブナ林、沢歩き、高山植物と変化に富んだ見どころが多い。特に九合目にある池塘が点在する高層湿原は、日本離れした特異な景観が広がる。登り応えも十分ゆえに、360度のパノラマが広がる登頂時の達成感もまた格別だ。

麓にある山瀬ダムの五色湖から望む田代岳

五色の滝〜沢歩き

水源の山を体現する風景が連続する深き森へ

山瀬ダムを過ぎると道は未舗装になり、類さんを乗せた車は、時に上下左右に激しく揺れる。ここから五色の滝まで続く約40分の荒れた林道ドライブにより、同行者は車酔いで見事にノックダウン。最初の難所は思わぬところにあった。

車酔いをさますために向かった五色の滝。豊富な水量の源は田代岳だ。幸運にも太陽の光が滝の水飛沫に反射して、七色の虹がかかっている。「すごいですね。私たちを歓迎してくれていますね」。同行者もこの神秘的な風景に、なんとか元気を取り戻したようだ。

改めて荒沢登山口へ向かい、森へ入っていく。登山道の横を沢が流れ、その上をブナなどの広葉樹が光を受け、きらきらと輝く。「こういう森が大好きなんです。妖精たちが出てきそうでしょ？」と同行者に語りかける類さん。

足元にはスギヒラタケやキララタケなど、キノコが顔を見せる。「かわいい！」と同行者。ただしどちらも妖精とはほど遠い毒キノコだ。

登山口から歩き始めて30分ほどで、道が沢と合流し、沢歩きを強いられる。コケが生えた岩は滑りやすく緊張が走るが、同行者は類さんのサポートを受け、無事にクリア。

道が緩やかになると、緊張からの解放か、周囲の草花を楽しむ余裕も。赤い実のオオカメノキ、青淡色のエゾアジサイなどに癒やされる。

五色の滝から次々と変化する森の風景。白神山地へと繋がるこの山の奥深さを物語っているかのようだ。

登山道のそこかしこにブナの大木が姿を見せる

Column

世界遺産・白神山地

白神山地は秋田県北西部から青森県南西部にまたがる広大な山岳地帯の総称。人の影響をほとんど受けていないブナの天然林が、東アジア最大級の規模で分布していることから、1993（平成5）年、その一部エリアが世界遺産に登録された。登録エリアではないものの同山地に属する田代岳は、豊かな自然が残されながらも、気軽に入山できるのが魅力だ。

思いのほか水量のある沢を慎重に渡る

ブナの巨木が並ぶ森を過ぎ、目指すは天空にある〝神の田〟の庭園。

周囲のブナの迫力が増す。「この木もすごいね」と類さんが見上げた巨木の推定樹齢は250〜300年。「これはブナの赤ちゃんですね」。今度は足元を指さす。そこには樹高わずか十数センチのかわいいブナ。樹齢を示す幹の節〝芽鱗痕(がりんこん)〟を数えると3つ。つまり樹齢3年のまだまだ幼木だ。

白神山地でもこれほどブナの巨木が多い山は珍しい。田代岳は同山地の東に位置し、シベリアからの冷たい風を直接受けないため、巨木が生長できる環境が整っているのだ。

七合目付近まで来ると、再び森に変化が表れ、登山道には苔むした岩が現れる。勾配もきつくなり、徐々に息が上がる。「様子が少し変わってきた。木がなくなってきましたね」。緯度が高い田代岳は標高1000m付近で森林限界を迎え、木々が育ちにくくなる。いつしか周囲は深いササ藪(やぶ)になっていた。

ササをかき分け、急登を越える。「緑のトンネルを抜けました!」。そこには「雲上のアラスカ庭園」の異名を持つ広大な高層湿原が広がる。「池塘」と呼ばれる池沼が、緑の湿原に点在する別天地だ。すぐそこには、田代岳がたおやかな姿で横たわる。

「着きましたね! イチ、ニの池塘ー!」。その掛け声に深い意味はなさそうだが、類さんも思わず同行者と共

思わず踏みつけてしまいそうな樹齢3年のブナ

高層湿原から望む青森県最高峰の岩木山(いわきさん)

高層湿原まで来ると田代岳山頂はもうすぐそこだ

に万歳してしまうほど、この風景に心を揺り動かされたようだ。

実はここに〝神の田〟と呼ばれる池塘がある。そこに生えた花で、麓の水田の豊凶を占うという。また水位によって水不足を占うなど、池塘は古くから人々の生活に影響を与えてきた。

「池塘にたっぷり水があるというのは、それだけ山に水があるということですね」。今でこそ山の保水力を「緑のダム」と表現するが、先人たちは〝神の田〟である池塘の変化に経験を重ね、それを感じ取っていたのだろう。

Column

山頂に鎮座する守り神

田代岳山頂にある社は田代山神社と呼ばれ、その中には山の神・田の神・水の神とされる白髭大神（猿田彦神）が祀られている。社伝によると古代から山岳信仰の社として存在し、852（仁寿2）年から何度か再建され、現在の社殿は1987（昭和62）年に新築再建されたものである。神の田で占いを行う麓の神社・綴子神社の奥宮でもある。

高層湿原〜山頂

世界遺産と東北の秀峰のパノラマが展開する頂

湿原から山頂まではあとわずか。「楽しんで登りましょう！」。ここまで3時間半の登山を続けてきたが士気は高いままだ。高度が上がる度に池塘が点在する湿原の全容が明らかになってきた。「空に近くなってきた！」と同行者の息も弾む。

ハート形をした池塘は密かな人気の撮影ポイント

「やりましたー！」。山頂で初登山の同行者とハイタッチを交わす。「素晴らしいね。360度、全部見えるのはなかなかないよね」という類さんの視線の先には、南に〝花の名山〟として知られる森吉山（もりよしざん）、南東には岩手山の姿が遠くに浮かぶ。そして西には光り輝く日本海。その手前には世界遺産・白神山地の森が広がる。

ひとしきり風景を堪能した後は、そこに鎮座する田代山神社に手を合わせる。「お陰様で登らせていただきました」。そんな類さんの脳裏には、この五穀豊穣の神が与えてくれたであろう、今宵の美酒佳肴が浮かんでいた、のかもしれない。

Column

今でも受け継がれる“神の田”の占い神事

毎年、半夏生（はんげしょう）の7月2日に“神の田”で行われる作占い。池塘に自生するミツガシワを稲に見立て、茎の太さや花の付き方から稲の出来不出来を占う。また賽護（さいご）打ちと呼ばれる占いは、紙を通した賽銭を池塘に投げ入れ、その沈み方から稲の育ち方を占う。さらに農家の人々は田代岳の山頂で採ったササを持ち帰り、水田に挿して豊作を祈るという。江戸時代には池塘で雨乞いの儀式をしたという記録も残っている。

南東方向の山並みに岩手山の姿も確認できる

類さんの一句

空高し 池塘に雲の 流れたる

空高し＝秋の季語。
句意：田代岳山頂付近の"神の田"と呼ばれる池塘の風景が句作モチーフ。池には秋の青空と流れる雲が映っていて絵のようだった。神秘的な風景映像が蘇ってきます。

120以上の池塘が広がる湿原。見る角度によって池塘に映る風景も異なる

田代岳へのアクセス

荒沢登山口へは、公共交通機関では直接行くことはできない。最寄り駅のJR早口駅からタクシーを利用する。

車の場合、大館南ICを降り、国道103号、7号を経由し、途中県道68号を山瀬ダム方面へ。山瀬ダムからは未舗装の林道を約40分。無料駐車場あり。

山頂ショット

山の上に池塘が点在しているという不思議な地形にとても驚きました。そして五穀豊穣は全て水があってのこと。その恵みの源をはっきりとした風景で見られたことにすごく感動しました。

下山の後のお楽しみ ～きりたんぽ鍋～

すりつぶしたご飯を棒状にして焼いたきりたんぽ、鶏肉、セリ等を具材にした秋田の郷土料理。こちらでは田代岳の麓・大館（おおだて）市が産地の比内地鶏とそのガラスープを使用し、歯応えのある鶏肉とスープの強い旨みが自慢。北鹿酒造が同店限定で造った『秋田比内やおはこ酒』は濃厚ながらスッキリとした飲み口で、鍋の味を引き立てる。

店舗名	秋田比内や大館本店
住所	秋田県大館市大町21
TEL	0120-701-718

秋田県

本山

なまはげ伝説と男鹿独特の自然

日本海に突き出るようにのびる秋田県の男鹿半島。その先端には〝男鹿三山〟と呼ばれる山が連なる。なまはげで知られる男鹿地域のなかでも、最高峰の本山はその発祥の地とされる。ブナや秋田スギなどが並ぶ森の中にある伝説のルーツは、どのような形で残っているのだろうか。

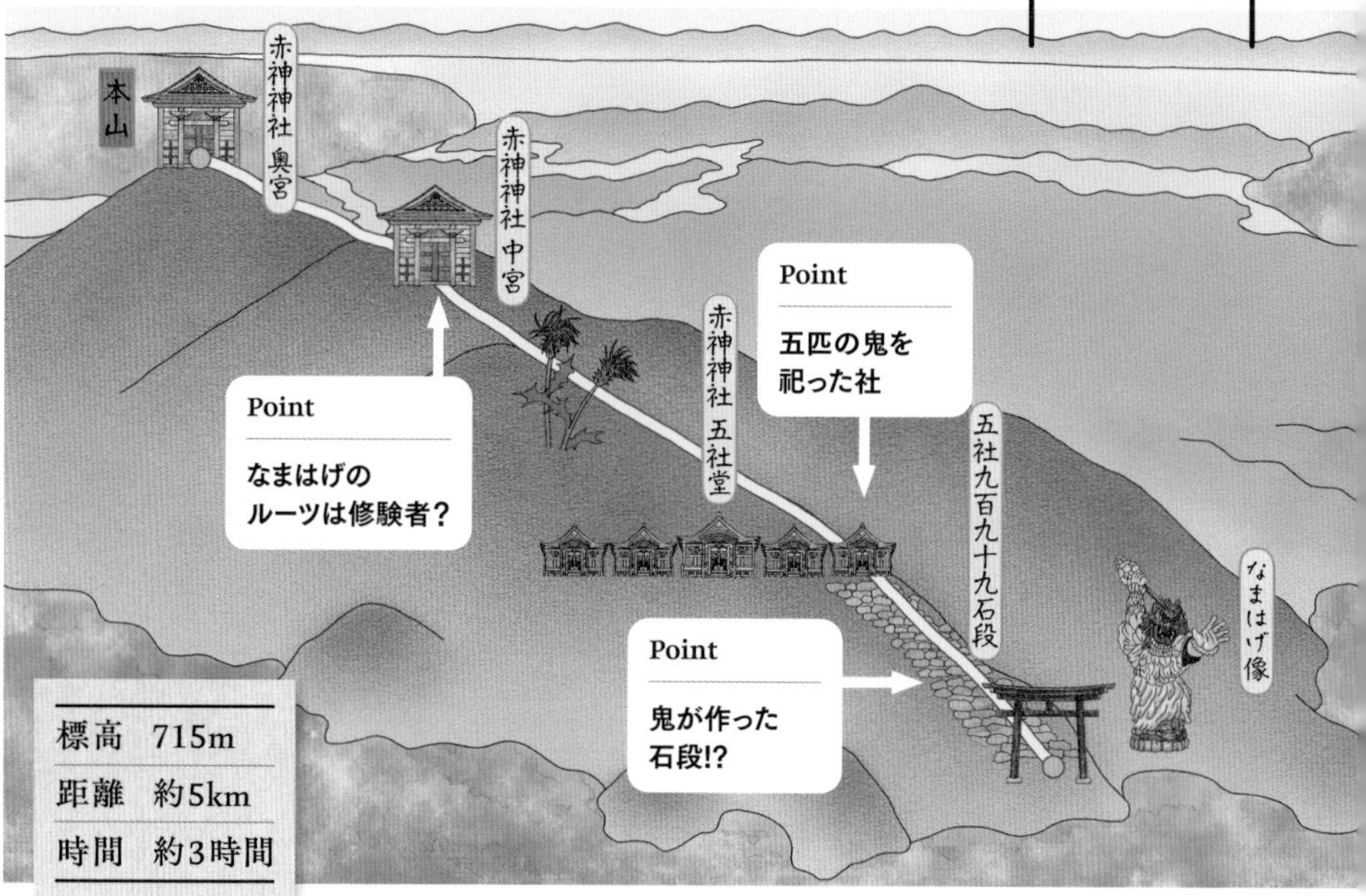

本山
赤神神社 奥宮
赤神神社 中宮
赤神神社 五社堂
五社九百九十九石段
なまはげ像

Point
五匹の鬼を祀った社

Point
なまはげのルーツは修験者？

Point
鬼が作った石段!?

標高	715m
距離	約5km
時間	約3時間

男鹿半島独自の花と歴史に触れる〝お山かけ〟の縦走コースが人気

「男鹿三山」とは、男鹿半島にある真山（５６５ｍ）、本山、毛無山（６１７ｍ）の三座を主に指す。平安時代から修験道の地とされ、信仰されてきた。真山の麓にある真山神社から本山を経て、長楽寺に至るおよそ10kmを縦走する〝お山かけ〟は、一人前の大人となるための行事でもあった。また周辺はなまはげ伝説発祥の地。今回は日本海側にある長楽寺から本山を目指し、なまはげゆかりの史跡を訪ね、その歴史をひもといていく。

登山口～赤神神社五社堂

伝承残る石段と不思議な社に〝なまはげ〟の姿を偲ぶ

「なまはげというより、鬼じゃないのかな?」。登山口最寄りのバス停で出迎える、巨大ななまはげ立像を眺める類さん。秋田県を代表する伝統行事のなまはげは、ここ男鹿半島から広がっていった。山に住む神様の使いとされ、この半島にそびえる男鹿三山からやって来るとされている。

なまはげ立像の高さ9.99mは石段の数にちなんでいる

赤い鳥居のある登山口から、早速石段登りが始まる。その数は999段。階段しかも不揃いで荒っぽい積み方。階段上りが得意の類さんとはいえ、これには難渋する。実はこの石段には鬼が積み上げた伝説が残るらしい。一方で周囲を見渡せば、鮮やかな紅葉が森を彩る。「道としては美しいですよね」としばし見とれて息を整える。

紅葉に励まされつつ登り切ると、そこには同じ形の社が整然と5棟並ぶ、赤神神社五社堂に辿り着く。「へえ!これは驚き」と類さんが漏らすほど、荘厳な空気に満ちている。ここには石段を積んだ5匹の鬼が祀られているという。「やっぱりこの鬼がなまはげのモデルになったんだ!」。この山となまはげの関係を知った類さん。

しかし、これだけがなまはげの起源ではないらしい。ここからのびる本格的な登山道の先に、まだヒントが隠されているようだ。「さあ行きましょう!」と類さんは気合いを入れ直した。

Column

鬼が一晩で造った石段伝説

その昔、山に住む5匹の鬼が、村の娘をさらおうとした。村人たちは「朝までに1000段の石段を築くこと」という条件を出した。すると鬼たちは、驚異的なスピードで999段を積み上げたが、あと1段というところで、機転を利かした村人がニワトリの鳴き声を真似ると、夜明けと勘違いした鬼たちは、悔しそうに山へ去ったという。

標高180mにある五社堂へ続く石段を登る

赤神神社五社堂～山頂

男鹿半島独自の自然ともうひとつのなまはげのルーツ

五社堂からは緩やかな登り。ブナやミズナラの森の中を行く。足元にはノコンギクや男鹿半島固有種のオガアザミが顔を出し、自然の豊かさを実感できる。6000年前の縄文時代まで島だった男鹿半島には、ほかにもここにしか自生しない希少な草花が人々の目を楽しませる。

999段の石段の先に現れた五社堂は、国の重要文化財に指定されている

緩やかながら長い登りが続く。草花に埋もれた古いお地蔵さんや石碑が所々に現れ、道筋を示す。その先にあるのが、赤神神社の中宮が建つ毛無山山頂。

本山を含む男鹿三山は、その昔多くのお堂が造られ、修験者たちがそれらを巡る〝お山かけ〟が行われてきた。修行を終えて下山した際の荒れ果てた姿が、なまはげに通じたという説もある。「髭(ひげ)がのびた異様な感じの修験者が、なまはげに見えたのも分かる気がします」。ここで類さんは、もうひとつのなまはげ発祥説を理解した様子。

そのお山かけのルートを辿り、本山直下の急登に挑む。気を抜けば滑ってしまいそうな急斜面。ロープも使いつつ慎重に登っていく。

赤神神社奥宮が鎮座する山頂。そこから振り返れば、木々の間から日本海へと続く男鹿半島の姿が遠望できる。「これで私も一人前になれたかな」という同行者に、類さんもにっこりとうなずいた。

Column

現在も受け継がれる“お山かけ”

平安時代から男鹿三山では、熊野詣にちなんで、“お山かけ”と呼ばれる修験者たちが山々を巡る修行が行われた。江戸時代になると、庶民の登拝も盛んになり、周辺地域では大人になるための通過儀礼として、現在でも受け継がれている。毎年5月末には山開きの神事があり、イベントとして“お山かけ”が開催されることもある。

本山山頂直下の急登はササに覆われて滑りやすい

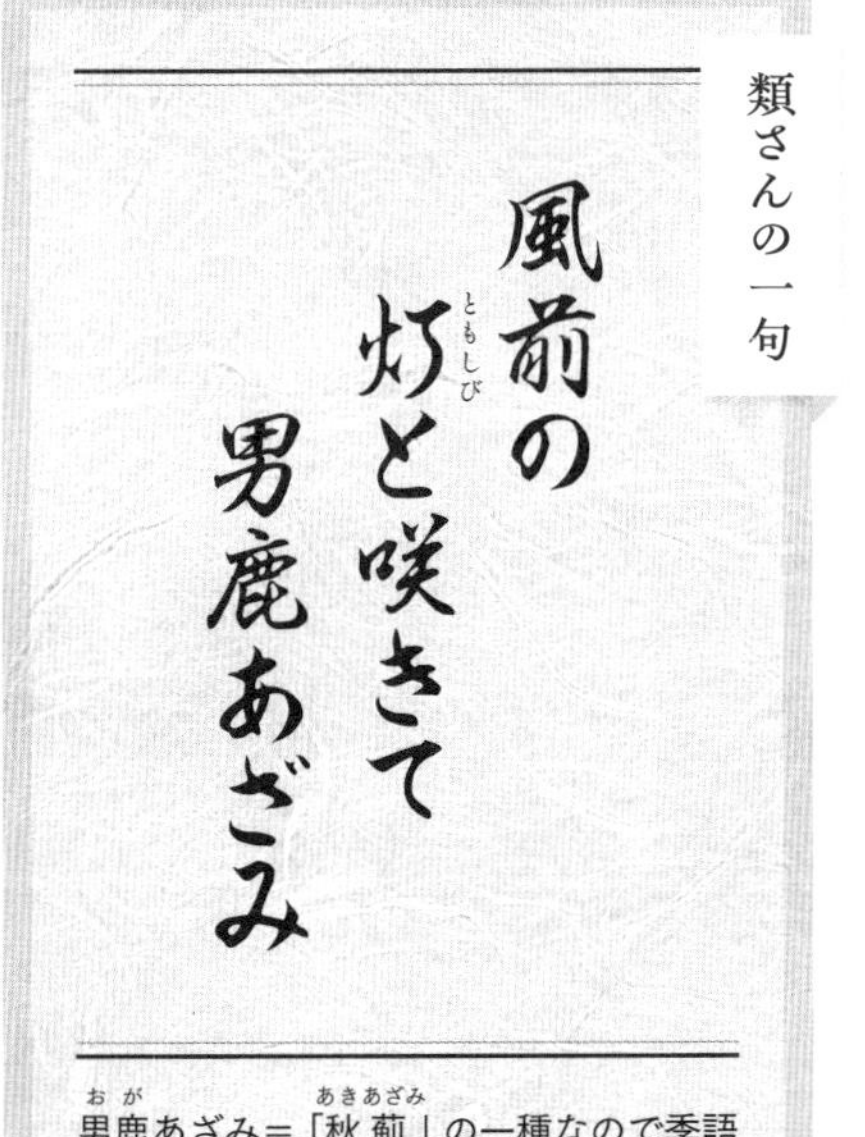

男鹿(おが)あざみ＝「秋薊(あきあざみ)」の一種なので季語とした。
句意：風前の灯火のように儚くて可憐な絶滅危惧種「男鹿あざみ」。男鹿半島の固有種だけに生き残ってほしい。そんな願いを籠めて詠んだ一句。

9〜10月に咲くオガアザミは、一般的なアザミより細身なのが特徴

本山へのアクセス

登山口がある長楽寺へは、公共交通機関の場合、JR男鹿駅からバス「男鹿南線」に乗車、「門前駐車場」バス停下車、徒歩15分。

車の場合、秋田市中心部から国道7号、国道101号を経由し男鹿方面へ。男鹿市内から県道59号を門前方面へ。五社堂駐車場を利用。

山頂付近のササがガサガサと動いたのですが、あそこになまはげが隠れていたかもしれませんね。
また絶滅危惧種のオガアザミも印象的でした。
鬼とは異なり、
女神のような存在に出合えました。

下山の後のお楽しみ 〜石焼料理〜

漁師が桶(おけ)に魚や海藻などを入れ、熱した小石を放り込んで煮込んだものがルーツの名物料理。1000度近くまで熱した石を投入することで、グツグツという音と立ち上がる湯気に圧倒される。地物の天然真鯛から出るダシと磯の風味、さらにホクホクした身の食感が美味。新政酒造の低アルコール発泡純米酒『天蛙』がついつい進む。

店舗名	美野幸
住所	秋田県男鹿市北浦入道崎昆布浦2-1
TEL	0185-38-2146

秋田県

太平山（たいへいざん）

秋田スギとブナが共存する守り神

秋田市のシンボルとして市民から親しまれている太平山。樹齢数百年の秋田スギやブナが息づき、豊かな雪解け水で米どころ秋田を支えてきた。厳しい急登の先に辿り着いた稜線からは、スケールの大きな山岳風景が広がる。山頂に秋田の守護神が鎮座する森の成り立ちを知る。

標高	1170m
距離	約4km
時間	約3時間

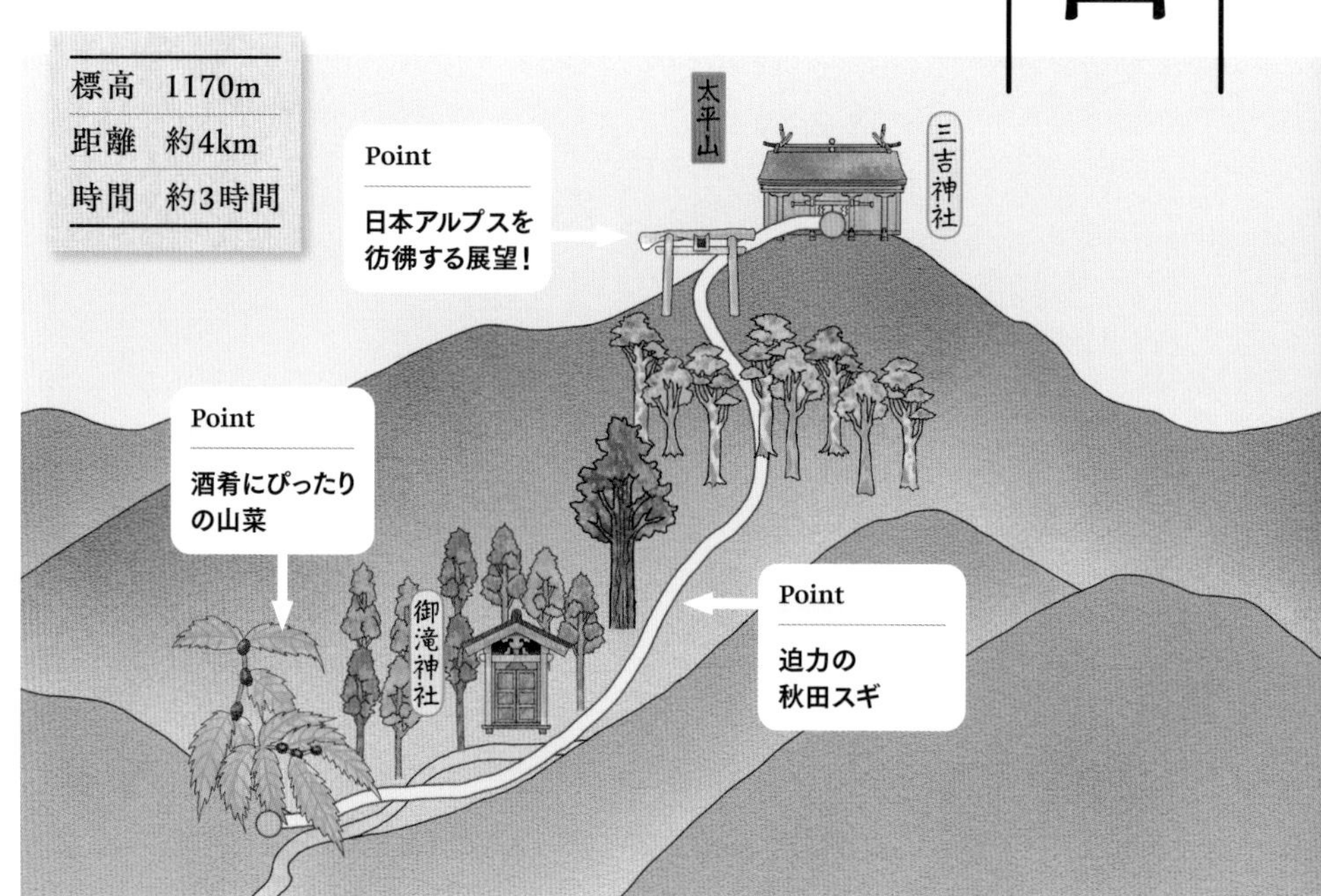

修験道の厳しさを味わいながら気軽に大自然を満喫できる山

秋田市内各所からその姿を確認できるため、校歌にも多く登場する太平山。複数のピークを有する連峰で、総称して太平山と呼ばれる。この山から3つの川が端を発し、秋田平野を潤してきた。さらに山頂には「みよしさん」と親しまれている三吉霊神（みよしのおおかみ）が祀られ、信仰の対象でもあった。今回は人気の旭又コースを歩き、秋田スギとブナで構成された森を通して、物心両面から秋田の人々を支えてきた山の姿を探っていく。

登山口～秋田スギの森

絶えることのない豊かな水と修験の面影

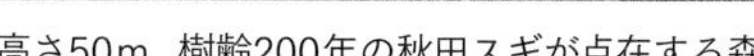

高さ50m、樹齢200年の秋田スギが点在する森

「本当に水がいっぱいだね。いかに水がきれいで豊かであるかが分かります」。登山道には常にせせらぎが響き、この山が秋田を潤す水源だということを実感する。その水の多くは、雪が融け出し、地表奥深くから湧き出たもの。類さんが訪れた10月中旬は紅葉真っ盛り。その様子からここが積雪3mもの豪雪地帯ということはうかがい知れない。「これですよ！」と指さす先に、山菜のミズが顔を出す。「昨日の晩、食べましたよ」。一説によると肝機能改善にも役立つとされるミズ。それゆえこの日の類さんの体調も万全のようだ。

登山口から30分で小さな社・御滝(おたき)神社に到着。祀られているのは、秋田発祥で力持ちの守り神といわれる三吉霊神だ。この社を境にして、かつては修験の場だったことを身をもって知る標高差700mの厳しい登りが続く。「ずっとこれなら結構キツいよね」。その急登に、さすがの類さんも音を上げそうになる。

いつしか周囲には、抱えきれないほどの太さの秋田スギが立ち並んでいる。「三吉の神様は、ひょっとしたらこの秋田スギの圧倒的な力強さに、その姿を重ねたのかな」。秋田スギのたくましさに類さんは目を見張った。

Column

曲がったことが嫌いで大酒飲みの神様

三吉霊神は秋田生まれの郷土の神様。曲がったことが嫌いで力持ち。勝利成功の神様として、この地を守ってきたとされ、しかも大酒飲みと伝えられている。古くからの太平山信仰と三吉信仰があいまって、遠方からも崇敬者が足を運ぶ。御滝神社は数多くの分社のひとつで、ここで穢れを落とし、修行に入る場所でもあった。

秋田スギから徐々にブナの森へと変化する

秋田スギの森～山頂

鮮やかさが増す紅葉に、豊かな森の成り立ちを知る

高度を上げ、太平山を象徴するブナと秋田スギが混在する森へと入っていく。「いやぁ、驚きなのはスギとブナの大きさが、同じということだね」。2種類の異なる大木が見事に共存する珍しい姿に、全国各地の森を見てきた類さんですら、驚きを隠せない。

登り始めて2時間。標高600mを越えると、スギは数を減らし、ブナが増えていく。同時に紅葉の彩りはますます鮮やかに。赤いカエデ、オレンジ色のナナカマド、黄色のコシアブラなど、山全体が見事なグラデーションの装いを見せる。とはいえ、山頂が近づくにつれ、登山道は斜度を増し、紅葉狩り気分で楽しむやわなハイキングを許そうとはしない。我慢は続く。

急登を突破し稜線に出た。「僕たちが登ってきたところが一目瞭然ですね！」。どこまでも続く紅葉の山並みは、標高1000m程度とは思えない高度感で切り立つようにのびる。それは日本アルプスにも引けを取らない迫力の光景だ。「なんとなく、神様に近づいてきましたね」。

歩き始めて3時間。三吉神社の奥宮が鎮座する山頂だ。広大な森の先にある秋田平野と日本海が見えた。「ここから黄金色の平野に、水がもたらされるのですね」。そのわずか数秒後、山頂は一瞬で雲に覆われ、空からアラレが襲いかかる。早々に退散する類さんではあったが、豊かな水をもたらす太平山の気象を、身をもって経験したといえるだろう。

紅葉がすでに終わった稜線から山頂を望む

紅葉に彩られた稜線から来た道を見下ろす

Column

秋田スギとブナが森を守る

秋田スギとブナの珍しい混合林が広がる太平山。秋田スギは通常のスギよりも日陰に強く、ブナ林でも生育できる。またスギは根が縦に伸び、浅く倒れやすい。しかし横に根が広がるブナの根と絡み合うことで、お互いを支え合い、丈夫な森をつくることができた。登山道ではふたつの根が絡み合った様子を目の当たりにできる。

類さんの一句

太平の神脱ぎ掛けし秋袷（あきあわせ）

秋袷＝秋の季語。紅葉の模様を連想。
句意：太平山の神（三吉）が自分の秋袷（衣装）を脱いで山腹に掛けたような紅葉模様が句作ヒント。特に山頂付近から眺めたブナと秋田スギの共存エリアが印象深い。

スギ林を過ぎ山の中腹まで至ると色鮮やかな紅葉の森が広がる

太平山へのアクセス

旭又登山口へは、公共交通機関を利用するより自家用車やタクシー等で向かうのが現実的。その場合、秋田市内から県道41号、15号、仁別林道を経由して現地。無料駐車場あり。

山頂ショット

低山といえどもとてもハードな山登りでした。そして三吉霊神が秋田の人たちを守ってきたというのがよく分かりました。その力強さの象徴が、あの秋田スギ。思っていた以上に特徴的で、奥の深い山でした。

下山の後のお楽しみ
～ハタハタ～

11～12月に旬を迎えるハタハタは、秋田県民にはなくてはならない魚。ハタハタを発酵させて造る"しょっつる（魚醤）"を使った鍋も有名。シンプルな塩焼きは、淡泊な味わいの身、プチプチした食感のブリコ（卵）など、ハタハタならではの味が楽しめる。合わせる小玉醸造の『純米大吟醸 天巧』は、爽やかな芳香と抜群のキレが身上。

店舗名	海味
住所	秋田県秋田市山王2-8-22
TEL	018-863-6723

岩手県

姫神山

啄木も愛した女神の山

石川啄木が生まれた旧渋民村（現・盛岡市玉山）にある優美な独立峰・姫神山。その麓で育った啄木はいくつかの歌にこの山を詠んだ。その中にある〝腰掛けし石〟は果たしてあるのか？　一方で山名の通り、古来女神が棲むとされた霊山。北上川を挟んで対峙する岩手山との関係を面白おかしく伝える民話も残る。この山にまつわる逸話は事欠かない。それだけ地元で愛されている証左だ。

37　啄木の歌碑がある川崎展望地付近から姫神山を望む

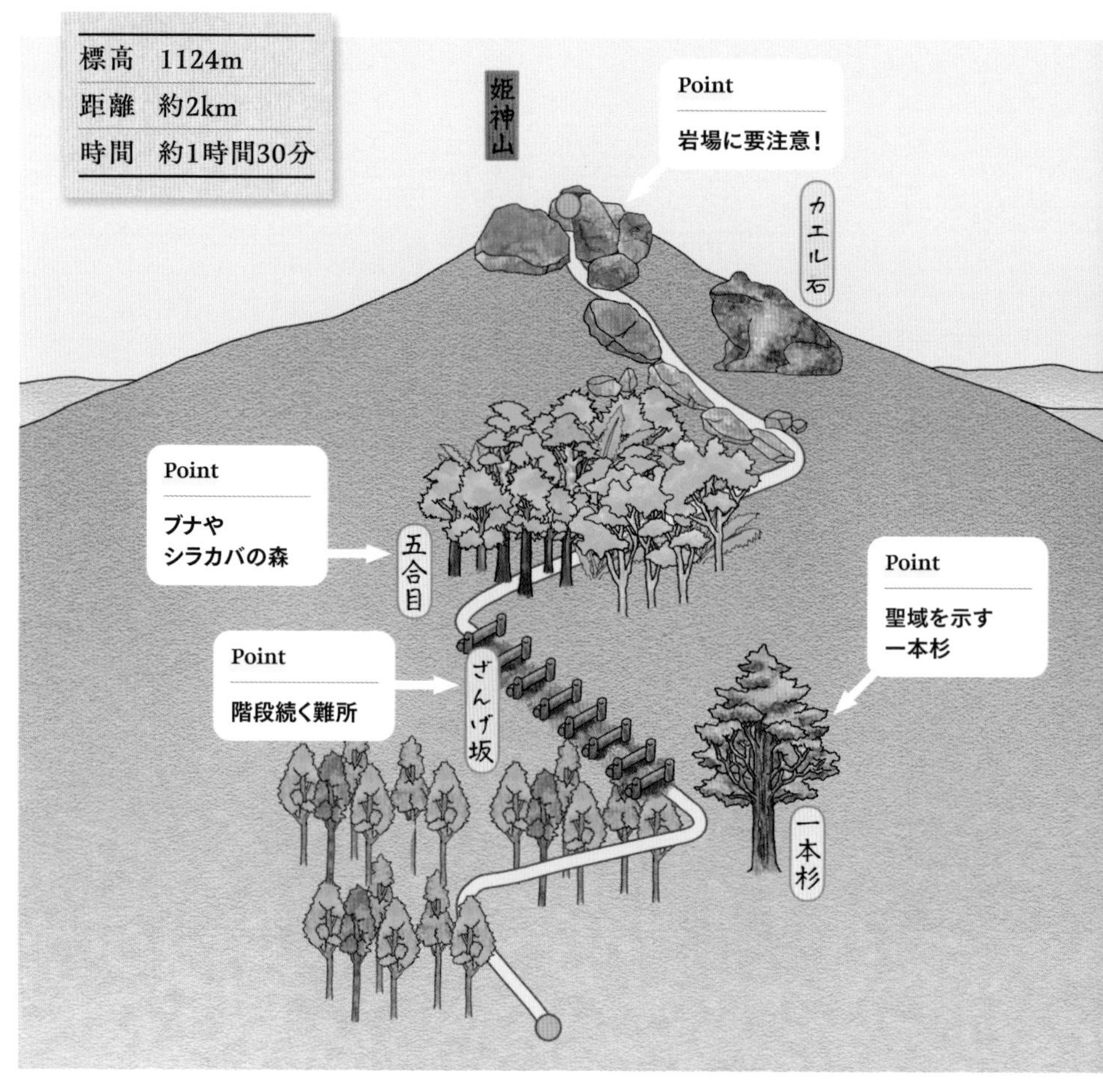

気高き山容を有する文人たちも愛した花の秀峰

盛岡市北部にありピラミッド形の山容が特徴。日本二百名山、新・花の百名山にも選ばれるほど人気は高い。また岩手山、早池峰山と共に北奥羽三霊山に数えられ、古くから信仰の対象ともされた。石川啄木、宮沢賢治も作品で触れるほど、麓の人々から愛されてきた特別な存在。5月の山開きには多くの人が訪れる。4つある登山ルートのうち、今回は最もポピュラーな一本杉コースを行く。啄木ゆかりのスポットを目当てに登り、この山が愛される理由を明らかにしたい。

石川啄木記念館近くの渋民公園から望む

登り始めてすぐは針葉樹と広葉樹の混合林の中を進む

登山口～五合目

かつての表参道に立ちはだかる急登の階段で悔い改める

「今日ひょいと山が恋しくて　山に来ぬ　去年腰掛けし石を探すかな」。姫神山を望む丘で、敬愛する石川啄木が残した歌を詠み上げる類さん。同じように地方の田舎で生まれ、同じ大酒飲み。共感を抱かないわけがない。

「（この歌にある）座った石があるということで、ぜひ僕も座ってみたいな」。

強いて言えば、年を重ねてもなお山へ挑む屈強さが、夭逝した啄木と類さんの異なる点だろう。

「（座れそうな）石が出てきたんだけど」。登山口近くのスギ林で、早くも目に入った石を指す。まだ歩き始めてわずか数分。まさかこれではあるまい。周囲の誰もが心の中で突っ込む。

しばらく進むと「一本杉」と呼ばれるスギの巨木が屹立（きつりつ）する。「（樹齢）200～300年はあるね」。啄木もきっと見たであろう一本杉を類さんも何かを感じてじっと見入る。

その先に現れたのが、五合目まで続いていく階段、その名も「ざんげ坂」。

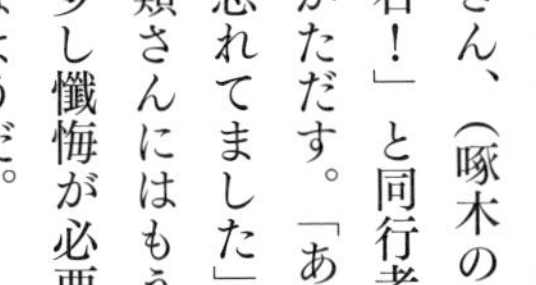

Column

今も部屋が残る啄木生誕地

1886（明治19）年、姫神山の麓にある常光寺で石川啄木は生まれた。住職である父が隣村の宝徳寺に移るまで、約1年をここで過ごした。当時の寺は改築されたものの、啄木が生まれた部屋は復元されている。境内には樹齢300年ともいわれるスギの巨木が並び立つ。その横には親友であった金田一京助（きんだいちきょうすけ）の揮毫（きごう）による生誕地碑がある。

「登山前はお酒を抜くのがひとつの作法。今日は懺悔しながら登らなきゃ」。昨夜の深酒を戒めるかのように登っていく。

「マツタケがないかな?」。ふいに途中のアカマツ林で根元を探し回る。「マツタケもいいですけど、類さん、（啄木の）石!」と同行者がただす。「あ、忘れてました」。類さんにはもう少し懺悔が必要なようだ。

ここでみつけた

啄木歌碑

姫神山を望む川崎展望地には“腰掛け石”を詠った歌碑がある。ここから旧渋民村も見える。

かつて一本杉から先は聖域とされ、参拝者はここで草履を履き替えた

五合目〜山頂

ブナの森の先にある麗しき山名を疑う険しき岩場に挑む

ざんげ坂を登り詰めた五合目からは、霧に包まれたブナやシラカバの幻想的な森へと変わる。道は徐々に岩が多くなり、足元に注意を要する。

赤いTシャツを着た登山客が軽快な足取りで降りてきた。話を聞くと御年81歳にして、この日で姫神山を登ること7150回目。「この山のすぐそばさ生まれたことを幸せに思っています」。そこまでさせる魅力が、この山にはあるようだ。

ここが中間地点。さらに高度を上げていくと、霧と険しさが増すばかり。「名前も姿も優しいと思われがちですが、実際はハードな道を登らなければならない…」。啄木が「名さえ優しき」と評した山の現状に類さんも戸惑いが隠せない。

山頂直下に至ると木は少なくなり、道は岩で埋め尽くされる。その上に手をつきながら用心深く進む。「ここで腰を掛けたということにしておきましょう」。晴れた日には岩手山を望めるという岩場で、類さんがひとつの石に触れ宣言する。

強風吹き荒れる山頂は、霧で何も見えない。「これも低山なんですよね。いい厳しさ！」。眺望はなくとも、汗と霧雨で濡れた類さんの表情からは達成感が読み取れた。

ちなみに石川啄木記念館館長によると〝啄木が姫神山に登った〟という明確な記録は存在しないという。

300段以上の急な階段が五合目まで続くざんげ坂

Column

姫神山は三角関係でここに来た!?

平安時代、坂上田村麻呂（さかのうえのたむらまろ）が女神を祀ったことが山名の由来の姫神山。また民話によると、遠い昔、姫神山と岩手山は隣り合う夫婦だった。しかし岩手山は早池峰山（はやちねさん）に惚れてしまう。嫉妬深い姫神山に耐えかねた岩手山は、姫神山を追い出す。ところが、夫への愛を捨てきれない姫神山は現在の場所に居座ったという。

山頂直下の岩場。この岩のひとつを類さんは“腰掛け岩”に認定する

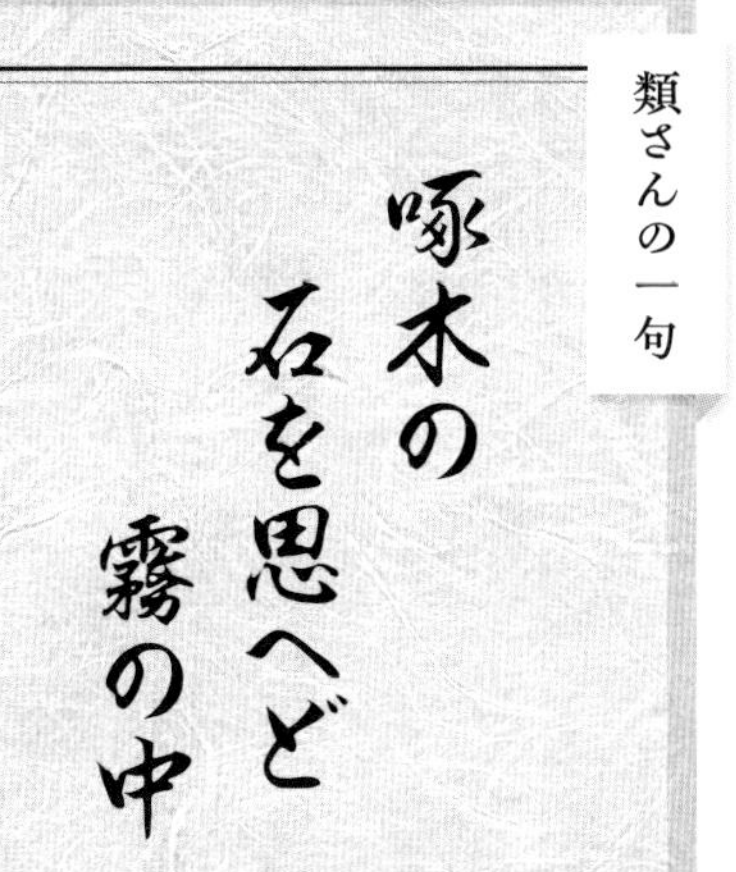

霧の中＝霧、秋の季語。
句意：石を探そうにもホワイトアウトして不可能。でも間違いなく啄木は姫神山に登ったことでしょう。『石をもて追わるるごとく…』と、複雑な心境が姫神山と記させなかったのでしょう。『去年腰掛けし石』とあるから複数回姫神山へ登ったとも考えられます。あれこれと思いを巡らせました。でも、登山当時と同じく霧の中。それでいいのかも…。

霧が増してきた森の中を歩く

姫神山へのアクセス

一本杉登山口へは、公共交通機関を利用するより、自家用車、タクシーなどで向かう。滝沢ICを降り国道4号を啄木記念館方面へ。その後県道301号を経由し「姫神山登山口」の標識に従って進めば現地。無料駐車場あり。

山頂ショット

僕も人生で一番苦しかった時に山に目覚めて、それで救われました。だから啄木が「ふるさとの山に向かひて言うことなし」というのもなんとなく分かるのです。そういう意味でもとても良い山でした。

下山の後のお楽しみ ～ひっつみ汁～

小麦粉に水を加えてこねたものを、手でちぎってつゆに入れた岩手の郷土料理、ひっつみ汁。こちらでは醤油で味を調えた出汁に、鶏肉、ゴボウ、ニンジン、キノコなども入って具だくさん。コシのあるひっつみの食感と具材の旨みが溶け込んだつゆが、素朴ながら一体感のある味わいとなる。地酒『鷲の尾』の普通酒で気楽に楽しみたい。

店舗名	居酒屋 柔
住所	岩手県盛岡市好摩夏間木83-133
TEL	019-682-0422

宮城県

泉ヶ岳

水神様が宿る仙台市民の山

仙台市内のどこからでも望むことができる泉ヶ岳。この山から湧き出る水は、仙台平野の田畑を潤してきた。それだけに古から麓の人々は〝水神が住む山〟として崇めてきた。現在も数多くの校歌に歌われるほど親しまれ、杜の都にとって欠くことのできない存在だ。

標高	1172m
距離	約4km
時間	約2時間

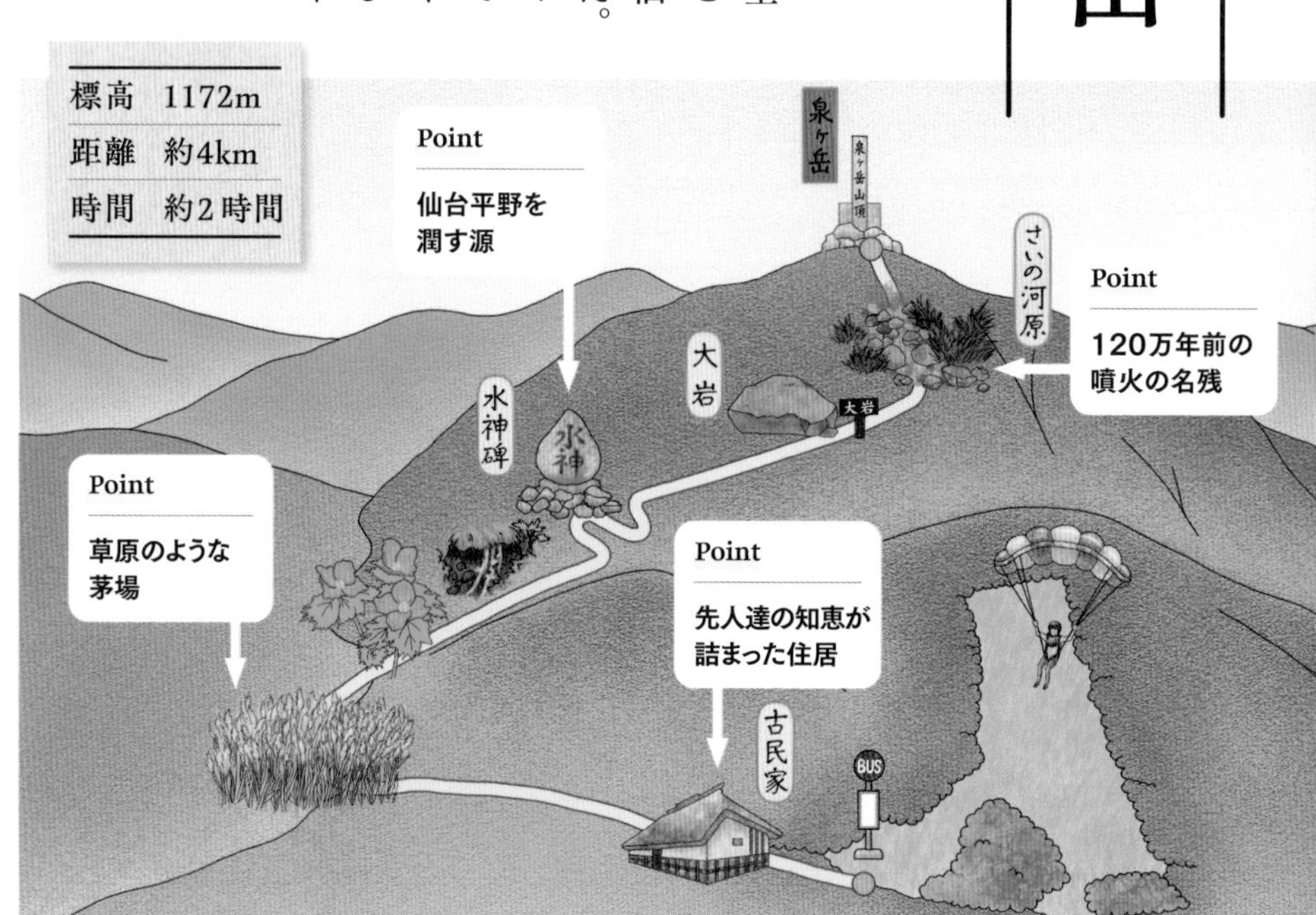

レジャーや遠足で老若男女が気軽に足を運び親しむ山

仙台市の北西に堂々たる山容でそびえる泉ヶ岳。仙台市のほとんどの小学生が遠足で訪れるというほどお馴染みの山だ。冬はスキー、夏はパラグライダーやキャンプなどが楽しめ、さらに花見や山菜採りなど、年間を通じて足を運ぶ人が多い。そこかしこから湧き出る水が、山名の由来とされ、灌漑が不十分な昔は、現在以上に重要な存在の山だった。今回歩く「水神コース」は、その歴史を垣間見られる学び多き道。遠足の定番コースでもある。

登山口に残る古民家が教えてくれる山の恵み

仙台市郊外の地下鉄・泉中央駅からバスに乗り、登山口を目指す。車窓から泉ヶ岳の姿を望める、とのことだが、あいにくこの日は雲がかかり見えない。ロケで「晴れ男」としての実績は十分の類さん。「そのうちに晴らしましょう」と自信ありげだ。

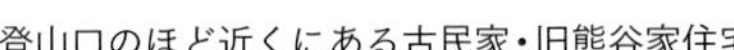
登山口のほど近くにある古民家・旧熊谷家住宅

登山口がある泉岳自然ふれあい館から歩き始めると、早速近くの森に佇む、重厚な茅葺き屋根の古民家の存在に気が付いた。中をのぞくと「これは見事ですね」と類さんがこぼすほど、ねじ曲がった自然木を巧みに組み合わせた天井の梁。ここに立ち寄ったのも泉ヶ岳と生活との関わりが分かるからというが、この時点ではまだ類さんはピンときていない。

緩やかな登山道を進むと、子どもたちの遠足グループとすれ違う。「いいね、かわいくて」。〝市民の山〟を実感できる出会いに頬が緩む。

登山道がのびる雑木林は突如開け、見渡す限りの草原が現れる。「分かった！　これは茅です」。ここは昭和30年代まで屋根を葺いたり、飼料などに使う茅を採る茅場だった。

さらに進むと、曲がったまま大きく育った木々が目に付く。ここで合点がいった類さん。昔は、先ほどの茅場と曲がった木を利用して家を建てた。泉ヶ岳はそれらを確保するために、大切な場所だったのだ。「つながりました！」と腑に落ちた類さん。同時に灰色の雲間から光が射し始めた。

Column

山の恵みを絶妙に取り入れた雪国の家屋

泉ヶ岳の麓で山守をしていた旧家・熊谷家の住宅を、登山口近くの中腹に移築復元したもの。建てられたのは江戸時代後期とされる。もともとは厩があった“曲り家”だった。大きな茅葺きの屋根が特徴で、根曲がりの木を利用した天井の構造は、家を広く見せる効果もある。土間には当時の農具なども展示されている。

かつて茅場だった泉ヶ岳の裾野。その後牧草地になった

仙台の貴重な水源を守った先人の思いに触れる

泉ヶ岳を訪れたのは5月。雲の切れ間から注ぐ太陽の光に、若葉の淡い緑が映える。道沿いには紫色のシラネアオイの花も咲き、仙台も初夏の装いに移りつつある。そこに通りかかったのが山菜採りの人たち。「こっちがワラビで、こっちがコシアブラ」とこの日の手柄を見せてくれる。「宝の山ですね！」。酒肴にぴったりの山菜は、類さんにとってはまさに宝物だ。

不安定な岩場が増え、斜度を増した登山道の先に、「水神」と彫られた巨大な石碑が立つ。そこから脇道に入ると、小川の横の崖から湧き水が滴る場所があった。すかさず口に運ぶ類さん。「冷たい！　しかもこれは軟水。日本酒造りにはもってこいです！」。山名の由来を、身をもって実感したようだ。

仕込み水にもなり得る上質な水を摂取した類さん。調子はますます上向きになり、急登をスピードを上げ軽快に進んで行く。

火山由来の大きな岩が転がる開けた尾根・賽(さい)の河原に出た。泉ヶ岳で最も眺望が良いとされる場所だ。「お〜見える！」という類さんの視線の先には、雲の中にうっすら蔵王(ざおう)連峰が。しかしここで天候が急激に悪化。瞬時にして霧に覆われた。山頂も残念ながら視界ゼロ。「それだけ水分が豊富ということですよね」。類さんの晴れ男としての神通力も、この山の水神様には歯が立たないようだ。

110万年前の火山活動の痕跡が残る賽の河原

Column

麓から運んだ雨乞いのための碑

高さ2m、幅1.8mの水神碑は、1895（明治28）年に麓の人々によって運び上げられたもの。昭和初期までここで雨乞いの儀式が行われていた。その昔、仙台も干ばつに襲われることがあり、市内を流れる七北田川(ななきたがわ)の源流部である、泉ヶ岳の水が干上がるのは死活問題だった。ちなみに「神」の点の部分は、ちょうど人の頭が入る大きさだ。

山頂の視界は悪かったが満足げな類さん

類さんの一句

岩清水
尽きぬを掬ぶ
祈りかな

岩清水＝夏の季語。
句意：「掬ぶ」とは、清水を手ですくって飲んで身を清める意の古語。泉ヶ岳登山の途中「水神」の石碑の近くの崖下で、清水を掬って飲むシーンがあります。飲む仕草が祈りのようでした。

迫力ある水神碑。ここからしばらく歩くと豊かな清水が湧き出している

泉ヶ岳へのアクセス

泉ヶ岳の登山の起点となる泉岳自然ふれあい館へは、公共交通機関の場合、地下鉄泉中央駅からバス「泉岳自然ふれあい館」行き乗車。

車の場合、仙台市中心部から国道457号を経由し、県道223号を泉ヶ岳方面へ。同館に無料駐車場あり。

低山とはいえ、
さすがに1000mを超えると
登りがいがありました。
そしてどのまちにも“おらが山”があり、
それを大切にすることで、
生きること、命に直結していく。
それが分かる素晴らしい山でした。

下山の後のお楽しみ
～牛タン～

牛タン料理は戦後間もない仙台で誕生。それまで馴染みのなかった牛タンの美味しさに注目した和食料理人が、牛タン焼きとして提供を始めた。こちらでは牛タンを塩などに漬け、2日間熟成させた後に焼き上げる。心地よい歯応えと溢れる旨みが特徴。特別に用意してもらった泉ヶ岳の伏流水仕込みの勝山酒造の『縁』とも好相性。

店舗名	酒場 王冠
住所	宮城県仙台市青葉区北目町1-40 アソルティ東二番町1F
TEL	022-266-6221

福島県

猫魔ヶ岳

化け猫伝説と湿原の草紅葉

山名から愛猫家の類さんが注目していた山。カラフルな絨毯のごとく草紅葉が広がる秋は、天然記念物の高層湿原の散策も楽しい。山頂近くにある草木も生えぬ巨岩には、何やら不気味な化け猫伝説が伝わるという。悪霊か神様か？　伝説の謎解きトレッキングへ。

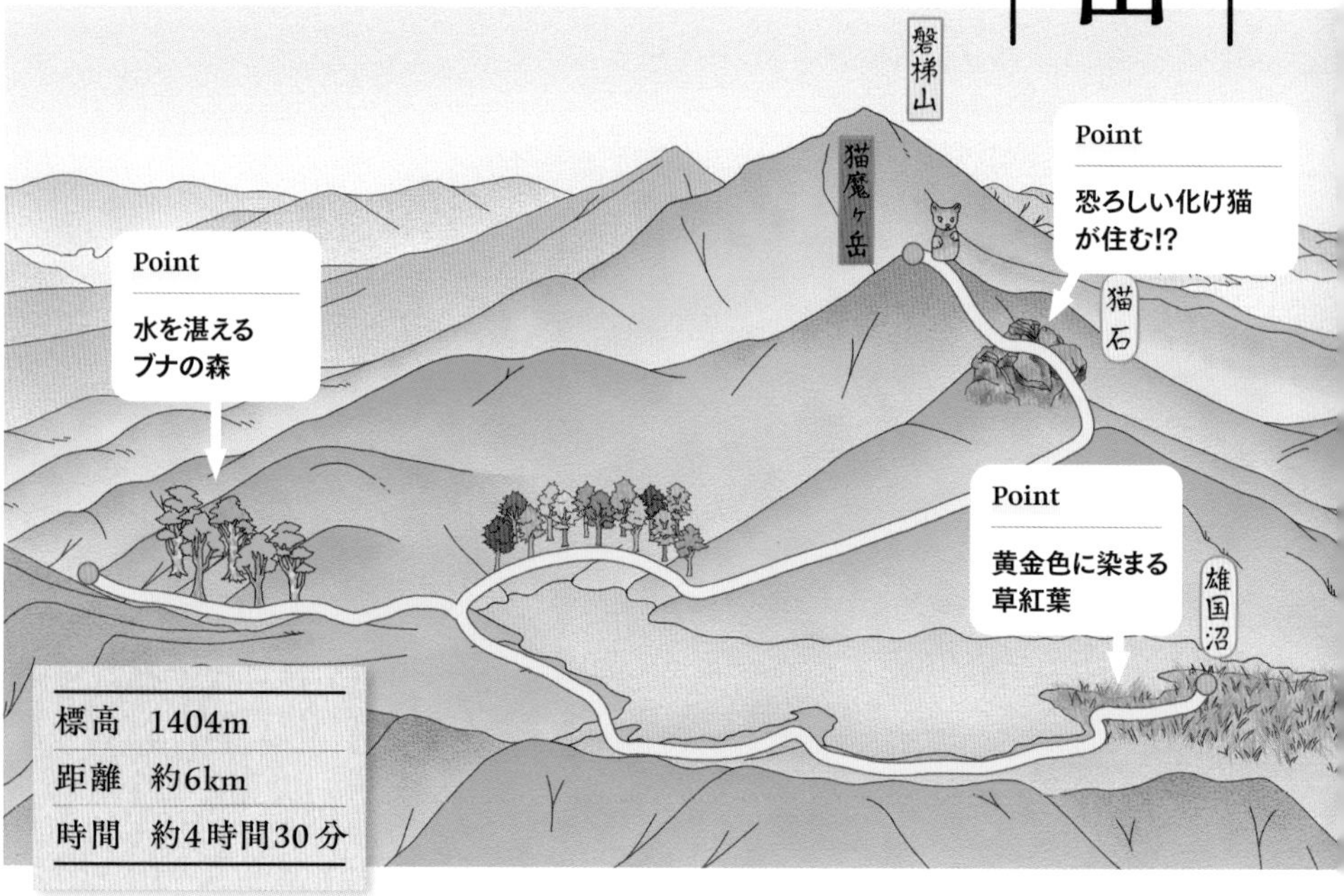

磐梯山
猫魔ヶ岳
Point
恐ろしい化け猫が住む!?
猫石
Point
水を湛えるブナの森
Point
黄金色に染まる草紅葉
雄国沼

標高	1404m
距離	約6km
時間	約4時間30分

磐梯高原のリゾートにある花と紅葉で魅せる静かな秀峰

磐梯山の西に位置し、猫魔火山が噴火で生んだ雄国沼カルデラを囲む外輪山の主峰。麓の雄国沼は、夏はニッコウキスゲ、秋は紅葉で知られる。冬にはスキー場が開設されリゾートとしても人気。一方でその名が示すように、化け猫が住んでいたという伝説も残る。雄国沼はハイシーズンになると賑わうが、猫魔ヶ岳方面は比較的静かな登山が楽しめる。今回は草紅葉を愛でながら、伝説と人々の関わりを探っていく。

登山口～雄国沼

雄国沼から紅葉の先にある山頂を望む

かつて北アルプスや八ヶ岳をはじめとする山々に、当時連れ添っていた愛猫〝からし〟をザックの上に乗せて登り、二人（?）で野営をしていたという類さん。元来動物好きで知られるが、特にネコには目がない。それだけに山名に〝猫〟がつく猫魔ヶ岳には興味が尽きないようだ。

　ネコならぬ「クマ注意」の看板が掛かる登山口から出発する。緩やかな道沿いに、豊かな水が流れる沢が続く。あたりは黄金色に染まったブナの森。しばらくすると一際大きなブナの巨木が。周囲には実が落ち、これらが動物たちの貴重な食料となる。「この森の立役者はブナなんですよ」と類さんも感慨深げに巨木を見上げる。

　猫魔ヶ岳を望む休憩小屋に到着し、眺望が開けた場所に出た。静かに水を湛（たた）えた雄国沼を囲むように広大な草紅葉が展開する。さらにその外側を猫魔火山の外輪山が取り囲む。その中で猫魔ヶ岳が最高峰として君臨している。

　この地形は50万年前の猫魔火山の噴火によって生まれたという。悠久の時をかけ、大地のキャンバスに描かれた絵画のような世界に、時を忘れたように見入る類さん。

「この風景が1000年は続いてもらいたいですね」。草紅葉と雄国沼が織りなす、奇跡のような絶景を心にしっかりと焼き付けた。

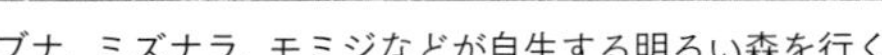

ブナ、ミズナラ、モミジなどが自生する明るい森を行く

Column

尾瀬にも勝る!?
天然記念物の高層湿原

猫魔火山のカルデラ湖・雄国沼。一帯は水生植物が徐々に堆積し、泥炭層となった湿原で、「雄国沼湿原」として国の天然記念物に指定されている。5月頃から様々な花が開き、特に初夏にはニッコウキスゲの大群落で、湿原一面が黄色に染まる。その面積あたりの生息数は、尾瀬を上回るともいわれるほどだ。木道も整備され散策しやすい。

本格的な登りを越えて伝説ゆかりの巨石と出合う

雄国沼を後にして、山頂を目指し再びブナの森を歩く。標高は1000mを超え、木々は一層鮮やかに色づく。雄国沼へと流れ込む小川を慎重に渡ると、急な傾斜となり、登り応えのある道へと変化する。足元は火山由来の岩場となり、滑りやすい。

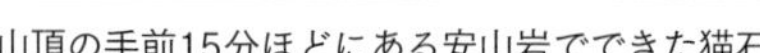
山頂の手前15分ほどにある安山岩でできた猫石

「お、猫石とはこれじゃないのかな?」と類さんの視線の先に現れた巨岩。樹木で覆われた斜面の先に、そこだけがむき出しになり、不思議な存在感を放つ。見る角度によっては、大きなネコが岩に覆い被さる様子とも、弘法大師（こうぼうだいし）がネコを調伏した姿ともいわれている。また伝説では、ここに人食い化け猫が棲んでいたとも。しかし「これでネコを想像するとしたら、相当な想像力」と類さんは思いのほか否定的な反応を見せる。

「でもね、ネコの鳴き声は聞こえます。なんとなくね」と冗談を交じえつつ猫石によじ登る。眼下には、先ほどまでいた雄国沼とブナの森が広がっている。気分はここに棲んでいた化け猫、あるいは猫神様だ。

ここから山頂までは、ハイカー泣かせのアップダウンが連続する。そして、磐梯山から猪苗代湖（いなわしろこ）、裏磐梯の湖沼群が展開する山頂に到着。そこに置かれていたのは、拍子抜けしそうなかわいいネコの置物。これにはさすがの類さんも頬を緩めた。

Column

化け猫が里の暮らしを守っていた!?

江戸時代の文献にも化け猫の棲みかとして出てくる猫魔ヶ岳の猫石。起源は諸説あるものの、麓で養蚕を営む人々が、カイコを食べるネズミを駆逐するためネコを飼い、飼えない場合はネコのお札を貼っていたという。そのネズミ除けのお札には“猫魔嶽”と記されている。つまり猫魔ヶ岳の化け猫は、里の人々の暮らしを守る神様として祀られていたともいわれる。

猫石から下って、猫魔ヶ岳山頂を望む

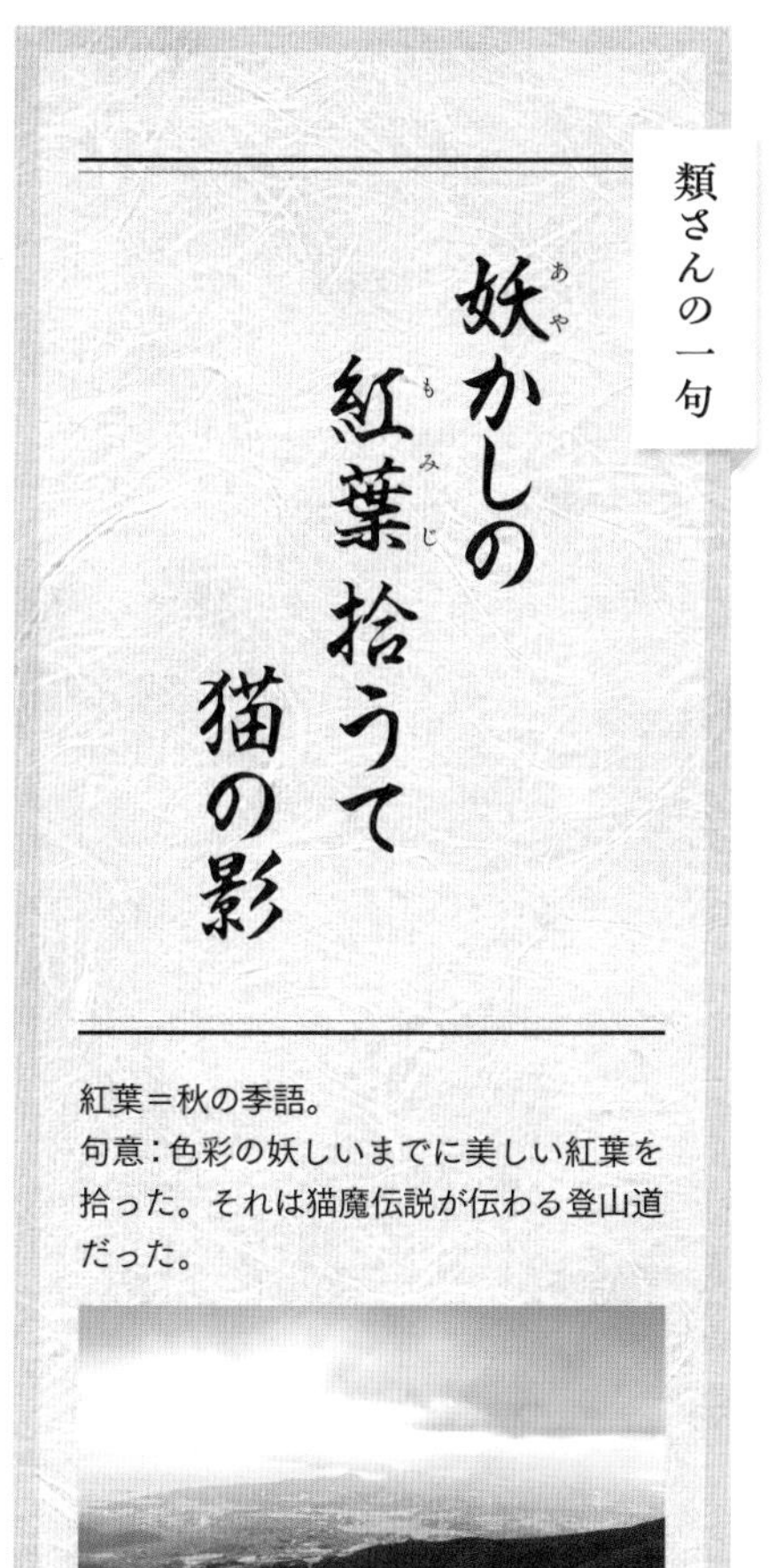

類さんの一句

妖(あや)かしの
紅葉(もみじ)拾うて
猫の影

紅葉＝秋の季語。
句意：色彩の妖しいまでに美しい紅葉を拾った。それは猫魔伝説が伝わる登山道だった。

紅葉に染まる山々が望める山頂

猫魔ヶ岳へのアクセス

雄国沼登山口へは、公共交通機関の場合、JR喜多方駅からバス「アクティブリゾーツ裏磐梯」行きに乗車、「雄国沼登山道入口」バス停下車。
車の場合、猪苗代磐梯高原ICを降り、国道115号を裏磐梯方面へ。その後国道459号を再び裏磐梯方面へ道なりに進み、雄子沢登山口駐車場を利用する。

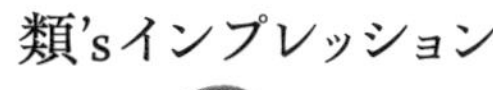

類'sインプレッション

猫魔ヶ岳の麓に暮らす人々にとって、
ネコは非常に
身近な存在だったのでしょう。
それがこの山の信仰と
結びついたというのが分かりました。
それと雄国沼に流れ込む
水を支えているブナ林も印象的でした。

下山の後のお楽しみ
～喜多方ラーメン～

猫魔ヶ岳の麓・喜多方市は、ご当地ラーメンの先駆けともいえる喜多方ラーメンで知られる。市内にはおよそ100軒のラーメン店があり、朝から営業しているお店も少なくない。スープは醤油味、麺は平打ちの縮れ麺が基本ながら、お店によって味わいは千差万別。こちらはスッキリした醤油味で、舌触りの良いもっちりとした麺が特徴。

店舗名	すがい食堂
住所	福島県喜多方市豊川町高堂太字西前田2129
TEL	0241-23-3673

エリア 二

関東

茨城県

月居山

紅葉燃ゆる名瀑の双耳峰

日本三名瀑のひとつ、袋田の滝。春夏秋冬の色彩に染まる瀑布へ寄り添うようにある月居山。ふたつの頂を有し、月がその間の窪地に収まるように見えたことが山名の由来。西行法師や水戸藩主も魅せられた名勝地は、幕末の戦乱の舞台にもなった。この地が最も賑わいを見せる秋。錦に輝く紅葉と歴史の足跡を訪ねるトレッキングへ。

観瀑台から見上げる袋田の滝は圧巻だ

標高	404m
距離	約3km
時間	約2時間

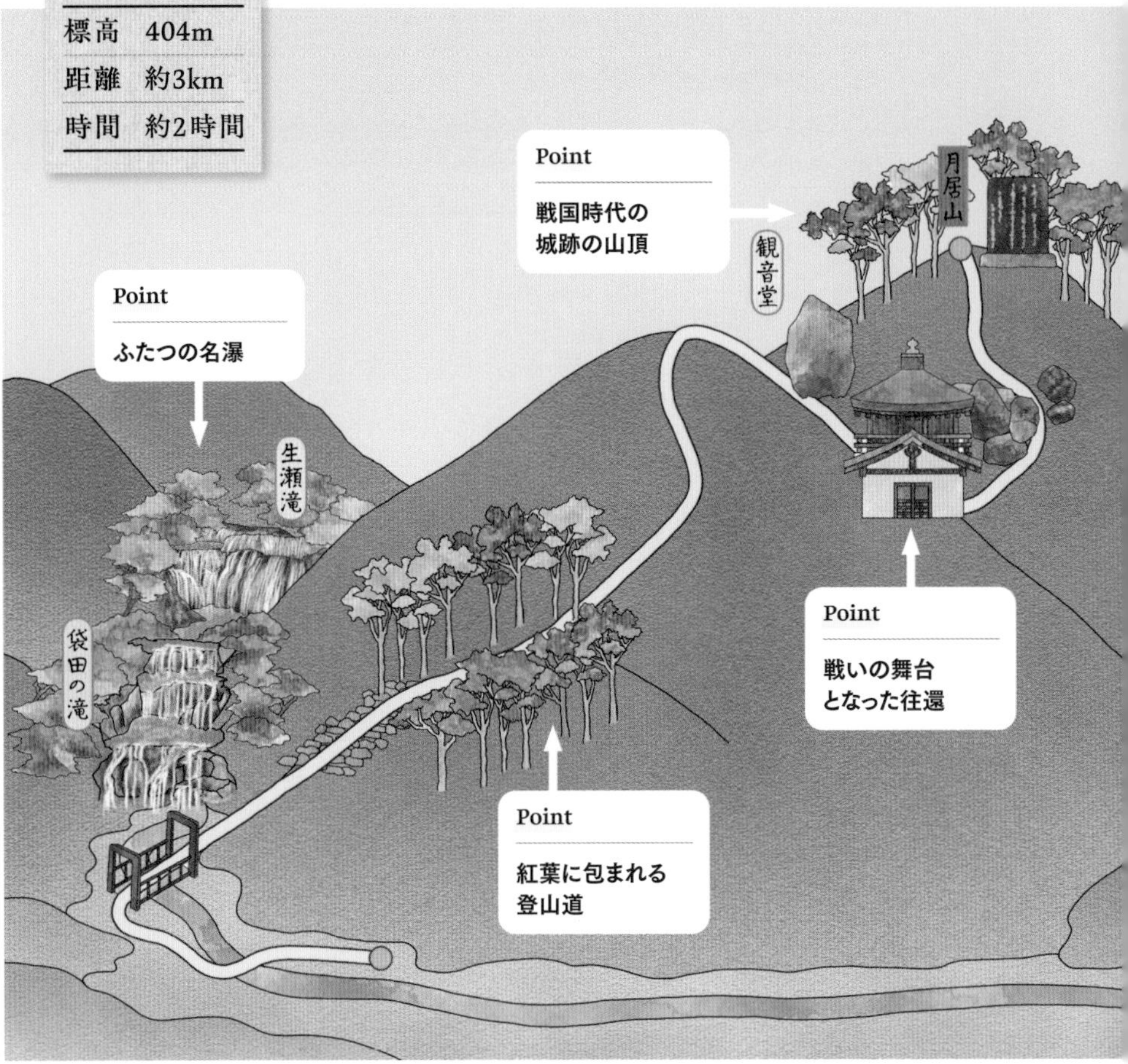

Point
戦国時代の城跡の山頂

月居山

観音堂

Point
ふたつの名瀑

生瀬滝

袋田の滝

Point
戦いの舞台となった往還

Point
紅葉に包まれる登山道

先人愛する名瀑をハシゴ紅葉満喫の風流ハイク

茨城県北部の久慈山地に含まれる月居山。双耳峰として北嶺（423m）と南嶺が並び、山頂は戦国時代に月居城があったことから低い南嶺とする。麓には、平安時代から和歌にも詠まれた袋田の滝があり、春の若葉、夏の豊富な水量、秋の紅葉、冬の氷瀑など四季を通じて観光客が訪れる。袋田の滝の遊歩道から始まるコース上には、趣深い情景の中に幕末の戦乱の爪痕が残る。今回は紅葉の行楽客で賑わう滝周辺から、静かな里山の紅葉を愛でつつ北嶺～南嶺と歩く。途中の月居峠で、昔の往還の賑わいや戦いに斃れた先人たちに思いを馳せる。

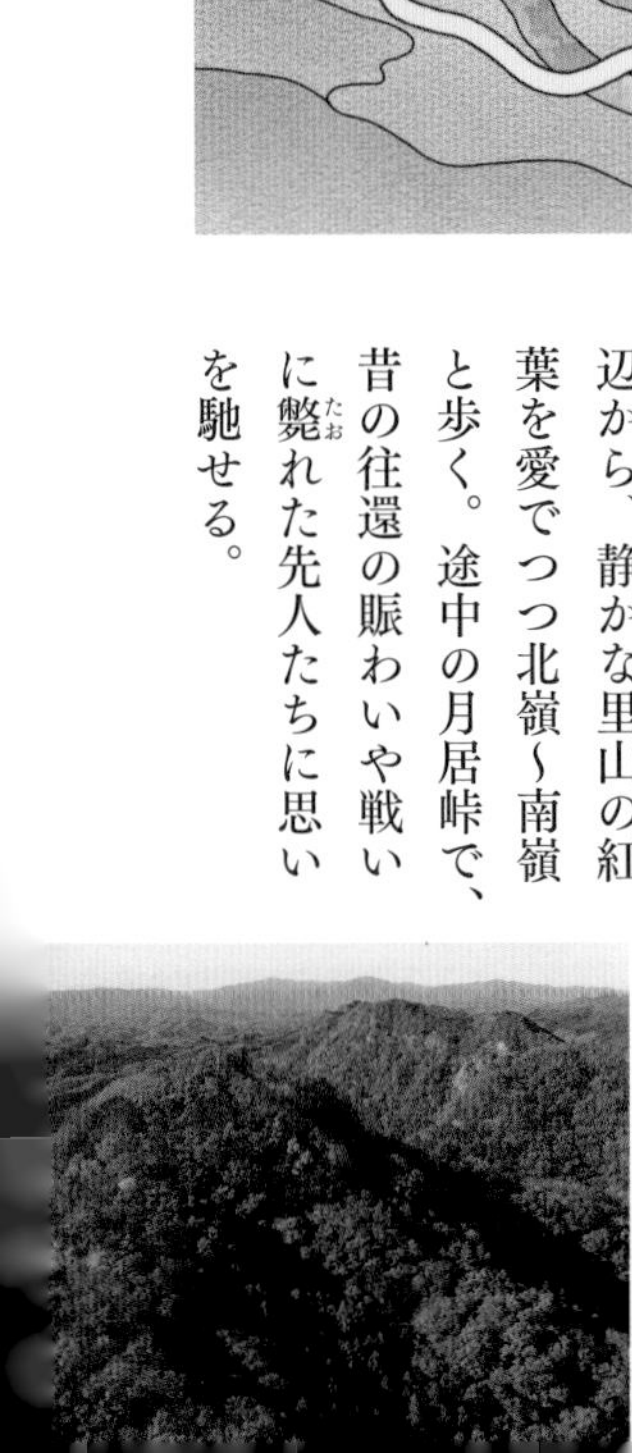

ふたつのピークの間にあるのが月居峠

登山道沿いの紅葉は様々な色のグラデーションを見せる

関東

登山口〜袋田の滝

トンネルを抜け名瀑と対峙し、絵画のような世界に思いを重ねる

11月上旬の朝7時、いつもなら紅葉目当ての観光客でごった返す袋田の滝周辺も、この時間はさすがに人もまばらだ。「想像以上に寒いですね」。類さんと同行者は白い息を吐きながら観瀑台へと繋がる、暗いトンネルを進む。

歩くこと5分ほどで、トンネルの前方からかすかにせせらぎのような音が聞こえてきた。「ひょっとしたら滝の音ですかね」と類さん。角を曲がると冷たい風を正面に受け、口を開いたトンネルの先に袋田の滝が浮かび上がった。

いくつもの細糸がかかるように、水がスローモーションで黒い岩肌を流れ落ちる。そのモノトーンの滝を際立たせるのが周囲の鮮やかな紅葉。「素晴らしい！」と思わず歓声を上げる類さんと同行者。この光景を平安時代の歌人・西行法師も歌に詠んだ。

花もみじ　経緯（よこたて）にして　山姫の　錦
織出す　袋田の滝

「この独特の滝筋を絹糸に見立てて、山の姫が錦を織っているということですよね」と類さんの解説が入る。先人の豊かな想像力に敬意を表し、しばしの間、滝と紅葉が織りなす絵画のような風景を、じっくり味わう。先ほどまでの寒さは、もはや気にならないようだ。

後ろ髪を引かれつつ観瀑台を離れ、滝壺から流れる川へと下る。そこに架かる吊り橋の先が登山道だ。名残惜しそうに再び滝を見上げ、橋を渡る。その先に現れたのは、名瀑の幻想的な世界から、冷や水を浴びせるように現実へと引き戻す、急登の階段だった。

Column

先人も絶賛した日本三名瀑

高さ120m、幅73mの規模を誇る袋田の滝。巨大な岩壁を四段に落下することから「四度（よど）の滝」とも呼ばれる。1500万年前の海底火山の溶岩が隆起し、風化によってできたとされる。歌を残した西行法師は「四季に一度ずつ来てみなければ真の風趣は味わえない」と褒め称えた。また弘法大師や徳川光圀（とくがわみつくに）、徳川斉昭（なりあきら）も足を運んだ。

登山者だけが目の当たりにできる深山幽谷と歴史ロマン

「ひえー!」。急登の階段で、苦悶する同行者。「膝が笑っているね」。そんな様子をあくまで優しく見守る類さん。「あーでも紅葉もきれい!」と同行者と共に、紅葉に鼓舞されながら、200段近く続いた金属製の階段を

平坦な場所があるだけの北嶺の山頂は見落としやすい

ようやく登り切る。しかし次に現れたのが石段。先ほどまで優雅に滝を観賞していた行楽ムードから一転して、修行の様相を呈してきた。

ここでもやはり励みとするのは美しい紅葉。「この景色を見ながらだったら、行けますよね?」。歯を食いしばり石段を登り終えたご褒美として、少し寄り道をして生瀬滝（なませだき）を目指すことに。

袋田の滝の上流200mにある生瀬滝は、袋田同様に国名勝に指定された景勝地。急登を越えた先にあるため行楽客も少なく、深山幽谷の世界に身を置ける穴場だ。「見事ですね」。森に包まれしっとりと流れ落ちるその姿に、同行者の疲れも癒やされたようだ。

コースに戻り、再び登る。見事な紅葉は変わることなく登山道を包み込む。稜線に出れば、木々の間から生瀬富士が見える。あわや通り過ぎようとした双耳峰の北嶺を越えると、森の中に朱色が映えるお堂が姿を見せた。

すぐそこにある月居峠は、かつて数多くの人々が行き来する交通の要所だったこともあり、古くから寺院が建てられた。しかし幕末、尊皇攘夷派と幕府軍の戦い〝天狗党の乱〟で焼失。現在のお堂は昭和になって再建されたもの。「(この岩を)落としたの!?」。峠にい

稜線の間から紅葉に染まる生瀬富士を望む

生瀬富士をバックに意気揚々とこれから先の稜線を望む

くつも転がる岩。これは幕府軍が尊皇攘夷派の天狗党に向かって落としたものだ。そして当時を物語る、もうひとつの存在がお堂に鎮座する菩薩像。戦乱をくぐり抜け、今もおだやかな表情で峠道を見守っている。「美しい。これは普通の仏師が彫れるものではないと思います」。仏教美術にも造詣が深い類さんが、その細部から価値を見抜く。今回特別に拝観できたその像は、平安から鎌倉時代にかけ活躍した、かの仏師・運慶（うんけい）作と伝わる。

Column

徳川斉昭のロマンチックな歌碑

月居峠のすぐ上に立つ徳川斉昭の歌碑。幕末の尊皇攘夷活動に大きな影響を与えることになる斉昭は、1834（天保5）年、この地を訪れ、次の歌を詠んだ。

　尋ぬれば　人は昔の名のみにて
　雲井の月ぞ　澄み渡りける

月居山にはかつて領地を追われた一族の城跡があった。斉昭は夕暮れ時に山上の雲間から見える月と、その歴史に思いを重ねたといわれる。

月居峠にある鐘楼で、力強く鐘を撞く類さん

月居峠〜山頂

弔いの鐘を撞き、紅葉に包まれた山頂へラストスパート

スギ林の薄暗い峠に、天狗党の乱で欠けたままの石灯籠が、うち捨てられたように残る。その近くに佇む鐘楼に上がり、類さんが力強く鐘を撞く。かつてここで、多くの若者が斃れたことに対する弔いのようだ。同行者も類さんの後ろでそっと手を合わせ、静かに目を閉じた。

歴史が詰まった月居峠を後にすれば、南嶺の山頂はもうすぐだ。峠と登山道の分岐から再び登り始め、暖かな木漏れ日が射す中を進む。「これ、道あるんですか？」と少々荒れた雰囲気に同行者も心配するが、しっかり道を辿れば、迷うほどではない。

最後の急登を越え、月居城跡の碑が立つ山頂へ。「こっちの紅葉もきれいじゃないですか！」。眺望はないものの、一際美しい紅葉が歓迎してくれる。「今が一番いい時期だったんですね。いや〜最高最高」。類さんたちは広々とした山頂広場をゆっくりと巡り、この日何度目かになる紅葉狩りを楽しんだ。

Column

月居峠も戦いの舞台となった“天狗党の乱”

1864（元治1）年、3〜12月にかけて、水戸藩の尊王攘夷派が中心の天狗党と、幕府による追討軍が各地で激しい戦闘を繰り広げた“天狗党の乱”。月居峠も戦場となり、天狗党1000人と追討軍2000人が対峙した。追討軍が峠の上から巨大な岩を落とすなどして天狗党を退ける。敗れた天狗党は京都を目指すが、最終的には投降し、処刑や島流しなど厳しい処分が科された。

峠から落とされた巨大な岩が、戦いの激しさを物語る

関東

類さんの一句

月居の熾火となりぬ冬紅葉

冬紅葉＝冬の季語。

熾火＝真っ赤に熱した炭火の意。

句意：月居山の紅葉は燃え尽きようとする晩秋の紅葉。この時期の様子を「熾火」に譬えた。冬紅葉とすることで紅葉のクライマックス感を詠んだ。山頂の燃え尽きんとする紅葉が脳裏に焼き付いています。

袋田の滝の紅葉の見頃は例年11月中旬頃。ライトアップも行われる

月居山へのアクセス

登山口となる袋田の滝へは、公共交通機関の場合、JR袋田駅からバス「袋田の滝（滝本）」行きに乗車、終点下車。またはJR袋田駅から徒歩約40分。

車の場合、那珂ICを降り、国道118号を大子方面へ。大子町内で県道324号を袋田の滝方面へ。無料駐車場あり。

山頂ショット

紅葉といえば北海道や飛騨高山が最高だろうと思っていました。しかし緑から赤までのグラデーションが見事な、これほどの美しい紅葉に包まれたのは、ひょっとしたら初めてかもしれません。最高でした！

下山の後のお楽しみ ～けんちんそば～

ダイコン、ニンジン、ゴボウの根菜類に加え、豆腐やコンニャクなどたっぷりの具材が入ったけんちんそばは、茨城の郷土料理ともいわれている。こちらでは冬季限定で醤油と味噌をブレンドしたつゆのけんちんそばを楽しめる。淡麗でさらりとした味わいに仕上げた地酒『家久長 霊水八溝』と合わせれば体の芯から温まる。

店舗名	瀧見茶屋
住所	茨城県久慈郡大子町袋田194
TEL	0295-72-3785

群馬県

岩櫃山

難攻不落を誇る真田氏ゆかりの山城

奇岩が連なる断崖絶壁の荒々しい山容が圧巻の岩櫃山。吾妻八景にも数えられ、群馬県西部の代表的な景勝地でもある。この地形を利用して山城を築いたのが、戦国武将・真田昌幸。難攻不落と言われた城の名残を辿る登山道もまた、鎖場が行く手を阻みスリリングなトレッキングが楽しめる。

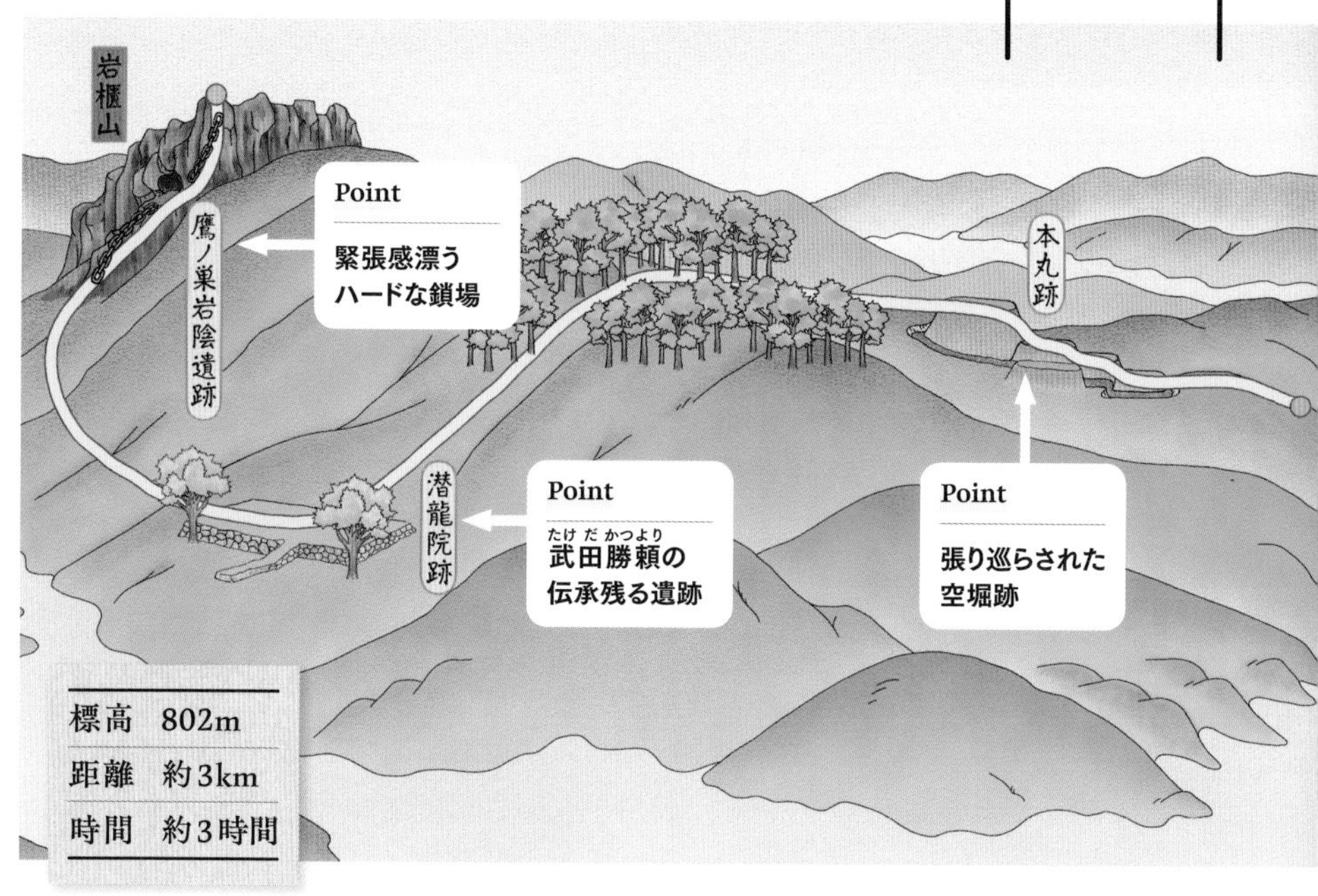

高難度の岩場を有しながら天下を一望できる名勝地

渓谷美で名高い国指定名勝・吾妻峡のほど近くにあり、周辺地域の人々のシンボル的存在の山。大河ドラマ「真田丸」にも登場する真田昌幸が築いた岩櫃城跡として、歴史ファンをはじめ、新緑と紅葉を目当てに足を運ぶ登山客も多い。戦略家である昌幸がどうしてこの地を選んだのか。複数ある登山ルートのうち、今回はいくつかの分岐を経由して、昌幸の狙いが浮かび上がるコースを進む。低山とは思えない「難攻不落」を体感できる難所も現れる。

不動滝〜岩櫃城本丸跡

森の中に広がる城跡から真田の知略を見る

「岩登り…まあ大丈夫でしょう」と、同行者から岩場の存在を告げられ、少々不安を隠しきれない類さん。かつて日本アルプスの名峰の数々を踏破したとはいえ、知将・真田昌幸が築いた難攻不落の城に、改めて兜の緒を締めているようだ。

スタートは岩櫃城の支城もあったという観音山の不動滝。落差のある堂々とした滝の姿は、これからの険しい道のりを嫌でも予感させる。ここから岩櫃山山頂へ続く平沢登山口はすぐそこにある。

登山口からしばらく沢沿いの道を進むと、左手に急斜面が迫り「本丸跡」の道標が立つ分岐が現れる。道標に従い、急斜面を登り詰める。すると東屋（あずまや）がある広場へ出た。「なるほど、開けてますね」と、この場所が何百人もの兵士が駐屯できる本丸跡と理解した類さん。だが岩櫃城は、ここ以外にも家臣たちの住居など、数多くの区画があり、全体の広さは東京ドーム30個分もあったという。

さらに周囲には、敵を防ぐための水のない空堀を60も張り巡らせた。その一部は、現在は登山道にもなっている。空堀の底に身を置き、本丸を見上げる類さん。

「実際はもっと深くて大きかったということ。ここに入ってしまったら、（上から矢を射られて）もうお手上げですね」。昌幸の知略にさすがの類さんも白旗を揚げた。

空堀跡の登山道。当時はさらに2mほど深かったという

Column

真田幸村（ゆきむら）も過ごした難攻不落の城

大河ドラマ「真田丸」でも描かれ、幼少期の幸村も過ごしたといわれる岩櫃城。真田氏にとって長野の上田城、群馬の沼田城の中継点として重要な拠点だった。城は北東にのびる尾根上にあり、東は支城がある観音山、西は峻険（しゅんけん）な岩櫃山、南は吾妻川、北は複雑な地形と、全方向に鉄壁の守りが敷かれ、天然の要害を形成していた。

本丸跡～山頂

連続する鎖場を越え岩峰の頂を攻略

本丸跡から分岐へ戻り、そのまま尾根沿いのコースをとる。その先にある下りの鎖場を無事にこなし、ほどなくして岩櫃山の山容を望むビューポイントに降り立った。

約600万年前の火山活動で生まれた岩塊が、風雨により浸食されできた幅200mの絶壁。その姿に類さんも「こうやって見上げると、達成感がありますね」と思わず口を滑らせる。「えっ!? これから登るんですよ!」と同行者もすかさず突っ込む。

実はここにも真田氏の遺構が残る。織田・徳川連合軍との戦いに敗れた武田勝頼を、昌幸がこの地に迎え入れるための御殿があったのだ。もし勝頼が自刃せず、岩櫃城に匿われていたら、歴史は変わっていたかもしれない。

戦国の歴史に別れを告げ、いよいよ山頂へ。登山道の斜度は徐々に増し、鎖場が連続する。類さんも「ひえー! すごい」と声を上げる。いくつもの難所を攻略し、やっとの思いで開けた場所に立つ。しかし、その目の前に現れたのは、高さ15mの岩壁。山頂はまだその先にある。最後にして最大の難関に緊張が走る。慎重に鎖とハシゴを使い、少しずつ少しずつ頂へ攻め進む。

二人が立つのもやっとの狭い山頂からは、真田氏のかつての領土が一望できる。「絶景! ここはまさに天を衝きたくなる場所!」。類さんは青空に向かって、拳を力強く突き上げた。

次々と現れる鎖場を見上げ、ルートを確認する

Column

歴史の「もし」に思い巡る潜龍院跡

もともと武田氏の家臣だった真田昌幸。1582(天正10)年、織田・徳川連合軍に攻め立てられた武田勝頼を迎え入れるため、わずか三日間で御殿を急造したと伝えられている。その地にあった寺の名前から、この地は「潜龍院跡」と呼ばれる。昌幸はここで勝頼を匿い、武田氏の再興を狙ったが、勝頼はこの地に来る前に自刃した。

山頂の岩壁は5階建てのビルの高さに相当する

類さんの一句

鎖場の
背骨攀じりて
天高し

天高し＝秋の季語。
句意：鎖場の痩せ尾根を攀じのぼる緊張感は忘れ難い。二人しか立つスペースのない岩櫃山の頂上は天高々として清々しい。

迫力ある姿の岩櫃山は弥生時代から聖地と見なされた説もある

岩櫃山へのアクセス

平沢登山口へは、公共交通機関の場合、JR群馬原町駅から徒歩約40分。途中にある不動滝は同駅から徒歩約20分。

車の場合、渋川伊香保ICを降り伊香保方面へ。国道145号の岩櫃城跡の標識に従い進む。登山口に駐車スペースあり。

類'sインプレッション

これほど苦労しないと
登頂できないとは思ってませんでした。
険しい岩壁が城壁として
機能しているのもよく分かりました。
厳しいけれど楽しく登れたので、
僕はこの山の大ファンになりました。

下山の後のお楽しみ
～猪セイロ～

うどんどころとして知られる群馬。こちらでも店主こだわりのコシの強い手打ちうどんを提供している。猪セイロは猟師でもある店主が仕留めた猪を地元産マイタケ、長ネギ、ゴボウなどと煮込み、自家製味噌で調えた熱々のつけ汁と共にうどんが味わえる。合わせるのは群馬県最古の酒蔵牧野酒造が醸す『大盃 純米吟醸』がお薦めだ。

店舗名	手打ちそば・うどん 里の茶屋
住所	群馬県吾妻郡東吾妻町大字大戸836-1
TEL	0279-69-2252

東京都

川苔山

渓谷美の癒やしは首都を潤す水瓶

東京の水源地として豊かな森が広がる奥多摩。その森の頂のひとつである川苔山は、豊かな水がつくり出す渓谷美が魅力。古くから続く林業や水資源で江戸を支え、そして今でもその恵みを東京に供給し続けている。まさに「命とくらしの揺り籠」を体感できそうだ。

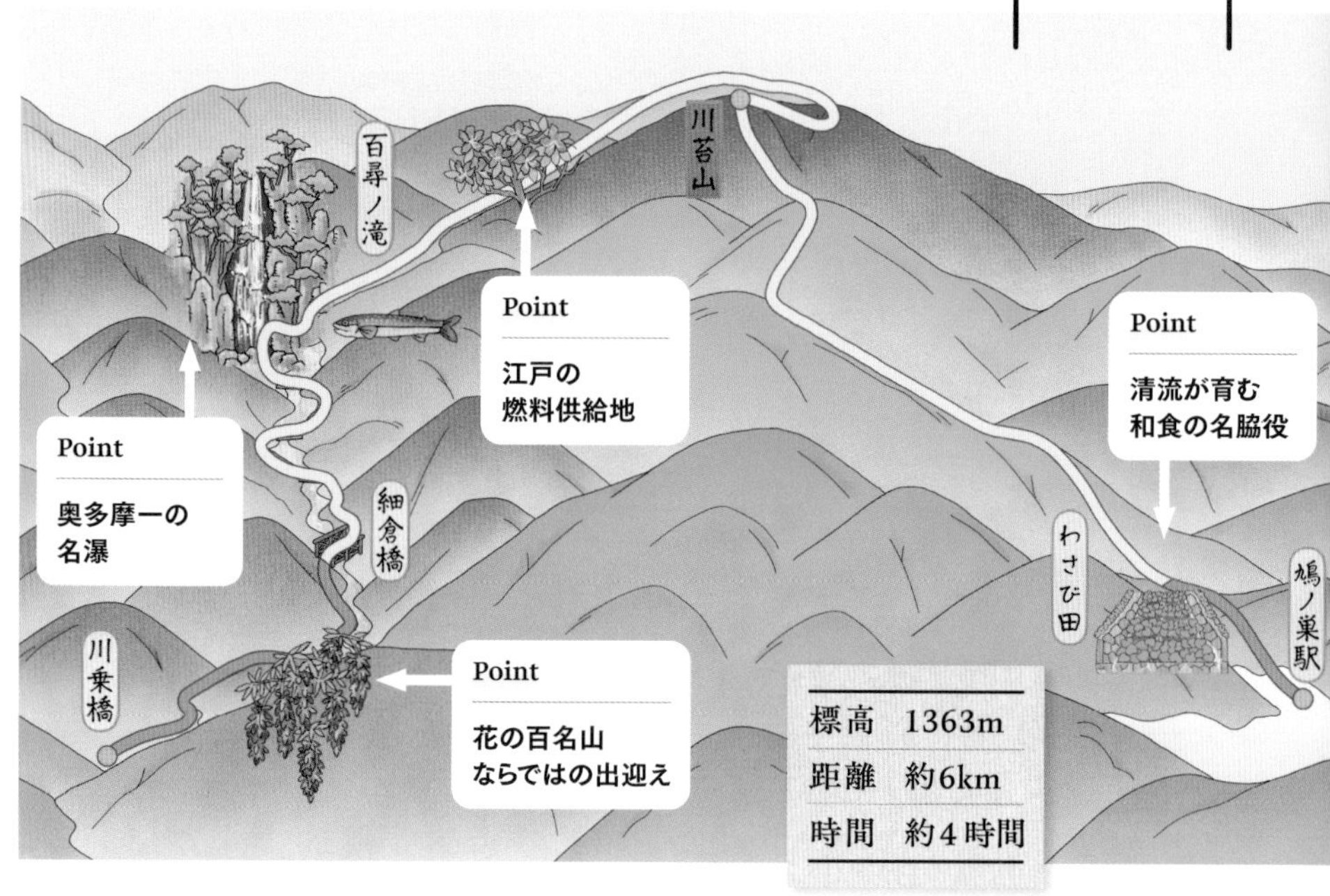

標高	1363m
距離	約6km
時間	約4時間

豊富なコースと容易なアクセス、花と渓谷で屈指の人気を誇る山

JR青梅線の駅から直接アプローチでき、奥多摩エリアでも屈指の人気を誇る。希少なカワノリが自生することがその名の由来であり、それだけ豊かな自然が残る証でもある。炭焼き、そして林業などが盛んだった上に、その森から流れる水は東京の水源となった。今回は川乗橋を起点に、名瀑を経由する変化に富んだコースを行く。それはこの山が首都東京に欠かせない存在だったことが再確認できるコースでもある。

川乗橋～百尋ノ滝

渓流のせせらぎを聞きつつ、名瀑と豊かな森を満喫

川苔谷と呼ばれる渓谷に沿って登山道はのびる

「この沢音！　十年以上は釣りで通いましたよ」。渓流釣りにハマったことがきっかけで、山へと分け入るようになった類さん。当然ここ川苔山周辺にもかつては何度も足を運んだ。登山道に響く沢音に、太公望としての血が再び騒いでいるようだ。

起点となる川乗橋からは、渓流を横目に気持ちの良い林道をしばらく歩く。訪れたのは新緑が鮮やかな5月。緑の森に溶け込むように青紫のフジの花が出迎える。実は川苔山は〝花の百名山〟に選ばれるほど、多種多彩な花に彩られる。登山時は時季には少し早かったものの、これから進む先で出合える花にも期待が膨らむ。

登山口がある細倉(ほそくら)橋からは、大小様々な滝が現れる渓谷美を楽しみつつ進む。「あ、なんか動いている！」と流れに潜むヤマメを発見する類さん。美しい流れも類さんにとっては釣りのポイントに見えてしまう。

前半のクライマックスとなる名瀑・百尋(ひゃくひろ)ノ滝までは登山口から約50分。豊富な水が落差40ｍから流れ落ちる。「この滝は、結構象徴的ですね」と類さん。ここに来るまでにも、至るところから湧き出る清水を見た。小さな一滴が力強い流れとなり、最終的には多摩川へと注ぎ、都民の生活水の2割をまかなう。百尋ノ滝の迫力ある姿に、類さんも改めて、ここが東京の水源であることを実感しているのだろう。

Column

江戸の暮らしを支えた木炭の供給地

登山道の近くの沢沿いには、かつて木炭を生産していた炭焼き窯の跡が点在している。戦前までこの周辺の広葉樹を使って木炭の生産が行われていた。特に江戸時代には百万人都市の江戸に暮らす人々の燃料の一大供給地となり、近隣の農民たちは農閑期になると、この地に炭焼き小屋を建てて一時的に生活していたといわれる。

百尋ノ滝～山頂

ヤマツツジに励まされ急登を越えていく

山名の由来となったカワノリが自生する百尋ノ滝周辺。その一方で周囲は人工林が目に付く。そこには山の神を祀った古い祠もある。

江戸時代から木炭の生産が盛んだった川苔山は、木材の供給地でもあった。

急登を登り切れば風が抜ける心地よい尾根道になる

現在も間伐が行き届き、将来を見据えた森づくりが行われている。「100年後の森がなんとなく見えてきました」。普段は人工林を毛嫌いする類さんも、整然とした見事なスギ林には感心せざるを得ない。

しかし、ここから標高差500mの本格的な登りが始まる。鎖場や急登など、さきほどの渓谷美の癒やしを忘れさせる厳しさもまた、この山の魅力である。

新緑の森に濃いピンク色のヤマツツジが顔を見せる。つづら折りの急坂を登るごとに異なる色のツツジが現れ、類さんにエールを送る。

風が抜ける尾根まで出れば、山頂まではあとわずか。ほどなく空が開け、登山客で賑わう山頂へ到達。東京都最高峰の雲取山をはじめとする奥多摩の山々が連なる。「東京のちょっと奥に行けば、こんな大自然があるって素晴らしい」。

下山途中、この山の清流が育むもうひとつの恵みであるワサビの収穫に挑戦した類さん。「これでどれだけ美味しいお酒が飲めるかな」。いつものようにワサビを付けすぎて、悶絶しないことを祈る。

奥多摩名産のワサビの収穫に挑戦する

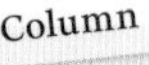

Column

将軍も食べた!? 奥多摩のワサビ

全国屈指の生産量を誇る奥多摩のワサビ。その歴史はおよそ200年前まで遡り、清らかな水と傾斜地を利用し、林業と兼ねて栽培が始まった。将軍家にも献上したとも伝えられ、江戸の食文化を下支えした。奥多摩エリアは寒暖の差が激しいため、その影響でほかのワサビよりも辛味が強いのが特徴。収穫体験ができる農園もある。

関東

類さんの一句

一条の滝　百尋の瞑想

滝＝夏の季語。
句意：形の整った一条の滝を眺めていると、深遠な思いにとらわれる。

夏の新緑や秋の紅葉が人気の百尋ノ滝。冬になると氷瀑になることもある

百尋ノ滝のすぐ下で
見かけた大きなイワナ、
低山とはいえハードな登り、
そして山頂から望める山々の連なり。
この山を登ることで、東京の奥座敷の
奥多摩の"奥"の意味が
分かったような気がします。

下山の後のお楽しみ ～イワナの刺身～

奥多摩産のワサビを自らすりおろし、期間限定の新鮮なイワナの刺身と共に味わう。おろしたてのワサビは、強い辛みが鼻に抜けるが後味はスッキリ。淡泊でほのかに甘いイワナの刺身に絶妙なアクセントを加えてくれる。合わせるのは湧水で仕込んだ『澤乃井 五段仕込』。ほのかな旨みと穏やかな香りで刺身に優しく寄り添う。

店舗名	お食事処 ちわき
住所	東京都西多摩郡奥多摩町大丹波618-1
TEL	0428-85-1735

川苔山へのアクセス

登山口となる川乗橋へは、公共交通機関の場合、JR奥多摩駅からバス「鍾乳洞」行きまたは「東日原」行きに乗車、「川乗橋」バス停下車。
車の場合、国道411号を奥多摩方面へ。奥多摩町内で都道204号へ。東日原駐車場を利用し、徒歩かバスで川乗橋へ。

千葉県

鋸山（のこぎりやま）

目がくらむ絶壁と圧巻の石仏

まるで鋭利なノコギリの歯のような山容。鋸山の姿はかつての地域産業を支えた名残だ。一方で古くから霊峰として信仰された面も。切り立った絶壁の頂近くからは東京湾の青い海を眺望する。古の歴史と近代産業遺構が交錯する天空の要塞へ。

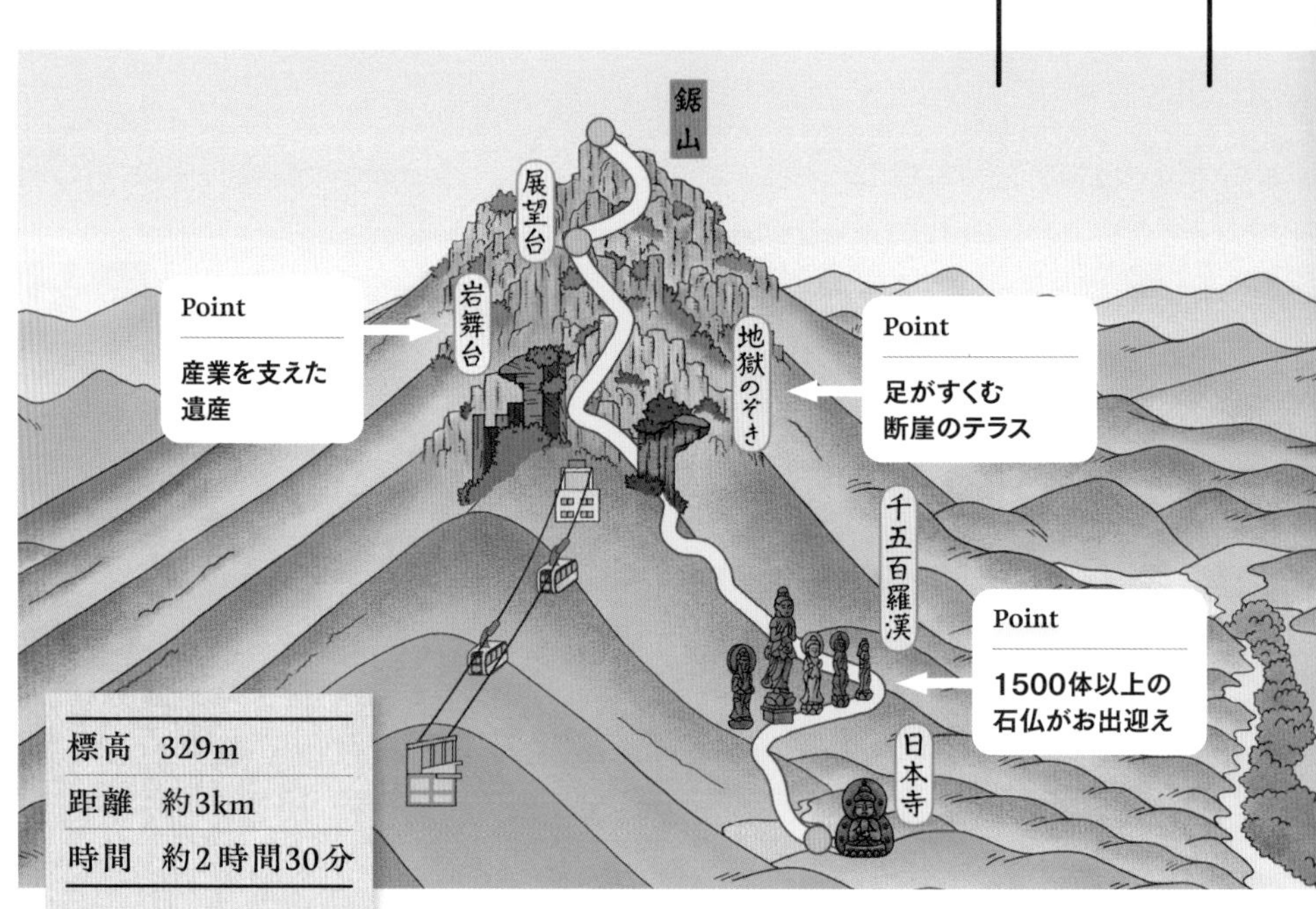

標高	329m
距離	約3km
時間	約2時間30分

古刹（こさつ）の境内にありながらスリルと絶景に圧倒される

東京湾に面した鋸南町（きょなんまち）と富津市（ふっつし）にまたがる鋸山。房州石（ぼうしゅういし）の産地として、古くから石切りが行われ、現在のような切り立った山容になった。その南斜面一帯は千三百年の歴史を有する日本寺（にほんじ）の境内であり、大仏や地獄のぞきなど、迫力とスリルを味わえる散策コースになっている。また江戸から昭和まで盛んだった石切りの遺構が独特の景観を見せる。ロープウエイでも気軽に楽しめるが、あえて足で登ることで、往時の人々に思いを馳せたい。

日本寺〜千五百羅漢

先人の信仰心と酔いも覚めるスリルとの遭遇

断崖の先端から突き出すような形の地獄のぞき

記念すべき第一回目の低山ロケ。ところが登山口である日本寺境内の大仏広場へ現れた類さんは、心なしかフラフラ。前夜遅くまでの酒場取材がたたり、「お酒を抜く時間がなくて…」と頭をかく。

気合いを入れ直して、歩を進めた先に早速現れたのが、長い登りの階段。「階段は得意」と普段は豪語する類さんながら、この日ばかりは少しキツそうだ。

スタートから15分ほどで出合ったのが、数多ある石の羅漢像。その数は1500体以上。江戸時代中期の名工が門弟と共に、長い歳月をかけて刻んだものだ。どれひとつとして同じ表情がないとされ、必ず自分に似た顔があるという。同行者が「あれが類さんに似ている!」と指をさす。頬杖をついたそれは、まさに酔いどれの類さんか。

その後も容赦のない登りの階段を耐えること、およそ30分。ようやく稜線へ辿り着く。そこには「ここはすごい眺めだ!」と類さんの酔いも吹き飛ぶほどの断崖〝地獄のぞき〟が垂直に切り立つ。テラスのようになった先端に立てば、目がくらむほどの高さ。「下を見るとなんか酔いが戻ってくる感じですね…」と類さん。本来の調子に戻るには、もうしばらく、階段登りで汗を流す必要がありそうだ。

Column

石仏から見る先人の信仰心

大仏から山頂へと続く参道(登山道)沿いの洞窟に現れる石仏群「東海千五百羅漢」。上総櫻井(かずささくらい)(現在の木更津市(きさらづし))の名工が1779(安永8)年から21年をかけ、1553体を門弟27人と共につくり上げた。その数は世界一ともいわれる。明治の廃仏毀釈で破壊されたものもあるが、頭部が残るものはそれぞれ豊かな表情を見せてくれる。

高さ100mある地獄のぞきのせり出した先端から下をのぞく

地獄のぞき～山頂

地獄の底から東京湾の眺望を目指し這い上がる

地獄のぞきから山頂までは距離にして800mほど。階段の登山道はアップダウンを繰り返しながら北の斜面に続いていく。

階段を下り切ると登山道の両側に巨大な岩壁が迫ってきた。「まるで神殿に通じる道みたいですね」と類さんは想像力を膨らませる。さらにその先には、空に届くほどの岩壁が正面にそそり立つ。その様子はまさに天空にそびえる神殿だ。

最大規模で石切りが行われていた岩舞台

この場所こそ、江戸から昭和にかけて、多くの石材を産出した石切り場、通称〝岩舞台〟。ここに10階建てビルがすっぽり収まるほどの大きさだ。しかし活況を極めた鋸山の石切り場も、昭和末期には役目を終え、残されたこの岩の造形だけが当時を偲ばせる。

岩舞台に別れを告げ、ひたすら頂を目指す。それはつまり再び階段との格闘を意味する。

「見上げれば階段、振り返っても階段。これはまさに人生そのもの」。酔いもすっかり覚め、悟りにも近い境地に辿り着いた類さん。そんな類さんを、山頂手前の展望台から見える東京湾の青い海が出迎える。

わずか標高300m余ながら、今日の類さんには難行苦行の連続だった様子。「やっぱり、低名山ですよ」。山頂での一言がこの山の魅力全てを物語っているようだ。

Column

近代建築に欠かせなかった房州石

火山の噴出物が固まった凝灰岩で形成されている鋸山。その石は房州石と呼ばれ、加工しやすく火にも強いとして重宝された。明治以降には麓の金谷港から東京や横浜に送られ、近代建築に欠かせないものとなった。昭和中期になるまで人力で削られ、男性が削った1本80kgの石材3本を、台車に載せて運ぶのは女性の役目だった。

山頂手前の展望台からは横浜や伊豆大島まで見渡せる

類さんの一句

苦と楽を
山と刻みて
秋の空

句意：石段の登り降りを“苦と楽”で表し、石切りの作業を“刻みて”の語に重ねた。“山と”は、山のようにの意。苦楽を果てしなく繰り返した後、展望台に出てみると清々しい“秋の空”が広がっていた。

房総半島の西岸にあり、山頂からは富士山も望める

鋸山へのアクセス

今回の登山口となる日本寺大仏広場へは、公共交通機関の場合、JR保田駅から徒歩30分。ロープウエイ利用の場合は、JR浜金谷駅が最寄り。

車の場合、鋸南保田ICを降り、木更津方面へ。日本寺に無料駐車場あり。

前夜の酒場取材で、
体調は万全ではありませんでしたが、
やっぱりこの山に来て良かったです。
人工物が多いけれど、
妙に温もりがあるように感じられる
低名山のひとつです。

下山の後のお楽しみ
～海鮮焼き～

東京湾の入口に位置する南房総は、東京湾と太平洋の魚介が豊富に獲れることから様々な漁業が盛んに行われている。その新鮮な魚介類を、豪快に焼いて味わう海鮮焼きは、素材本来の味が楽しめると人気。カキ、サザエ、ホンビノス貝、エビなど、季節に応じた旬の食材が登場する。店内から海を間近に感じながら、海鮮焼きを満喫できる。

店舗名	海鮮浜焼き まるはま
住所	千葉県富津市金谷2288
TEL	0439-69-2161

千葉県
烏場山

花嫁も歩いた山と海を繋ぐ道

黒潮が流れる太平洋に面した漁村から一歩入ると、なだらかな丘陵地帯に山村が点在する南房総。烏場山にのびる道はそのふたつを結び、山海の産物の物流と人々の交流を生んだ。かつて花嫁行列も歩いたという街道を行く。

JR和田浦駅近くの菜の花畑を歩く

標高	266m
距離	約5km
時間	約2時間30分

里山の照葉樹林に残された人の営み伝える新日本百名山

南房総市と鴨川市の境に位置し、登山口までは内房線のJR和田浦駅から歩いて行けるため、低山ハイクの人気スポット。花の生産地としても知られ、冬から春にかけては、菜の花や寒桜が山麓を彩る。登山道はかつての往還であり、海と山の物資が行き交った。別名〝花嫁街道〟とも呼ばれ、山村と漁村、それぞれへ嫁入りするための行列が歩いたという。途中の展望台からは太平洋と山村の風景が望め、往時に思いを重ねてみる。

登山口〜第二展望台

潮風が香る漁村の登山口から山深き往還を進む

一般的には海の風景を〝美しい〟と表現するが、類さんの場合のそれは、魚介類の酒肴を連想させるのか〝美味しそう〟だ。今回もそんな豊かな海が目前に広がる和田漁港からスタート。暖かな陽気の中に映える黄色い菜の花畑を抜け、〝花嫁街道〟の看板が立つ登山口へ。道は緑濃き森へと続いている。「千葉の山はもう少し開けているものと思っていましたが、深いですね」と予想外の山深さに驚く類さん。しかもすぐに急登が始まる。「これを行くとしたら狐の嫁入りだよね」と華やかな街道名とは異なるハードさに、まるで化かされたような気分だ。

20分ほどの急登を終えると、歩きやすい尾根沿いに出る。亜熱帯林を思わせる照葉樹に覆われ、温暖な房総半島特有の光景が広がる。

山頂を示す道標が現れると、木々の間から鬱蒼とした森の先にある頂が見える。「まさかぽっくりを履いた花嫁衣装で歩いたわけないよね」といまだ半信半疑の類さん。

辿り着いた第二展望台からは、先ほどまでいた和田浦のまちと輝く太平洋が広がる。「(海から山へ嫁入りする時は)ここから自分の故郷を眺めて、山に入っていったのでしょうね」。少しばかりセンチメンタルになる風景だ。

登山口の看板。登山道はボランティアによって整備されている

関東

ここでみつけた スタジイの巨木

高さ20m、幹回り4mの巨木。照葉樹の森を代表する樹木で、シイタケがなることで知られる。

Column

花嫁だけではなく物流を支えた街道

漁村の和田浦と山村の五十蔵をおよそ6kmで結ぶ花嫁街道。海からは塩や海産物、山村からは漁業用の籠や樽の材料の竹などを運び、活発な交流を支えた道だった。そのなかで縁が生まれ、お互いの村の間で嫁入りがあったという。最後にこの道を花嫁が通ったのは、1950(昭和25)年。和田浦から五十蔵へ花嫁行列が向かったとされる。

第二展望台～山頂

漁を支えた森の先にある頂で、縁結びの石像のお出迎え

第二展望台を後にして、先へと進めば、南国の照葉樹であるマテバシイばかりが生える植林の森へ入る。マテバシイは、かつて麓の漁業用資材に欠かせなかったという。

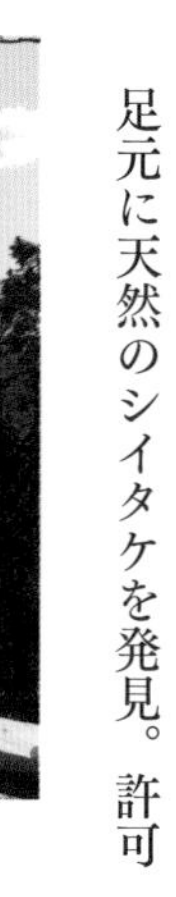

第三展望台手前の見晴台でくつろぐ類さん

足元に天然のシイタケを発見。許可を得て手に取ってみる類さん。「ずしっとしてますね」。森の豊かさを感じると共に、今宵の酒肴の一品が増えたことに目を細める。

眺望のない尾根歩きを続けること2時間。荷役のための馬の安全を願った馬頭観音が佇む分岐を過ぎると、第三展望台に到着。

ここは第二展望台とは異なり、山側の眺望が開ける。眼下には斜面を切り拓いてつくられた五十蔵の集落が見える。今は棚田が広がる静かな村だが、かつては軍馬の生産で栄え、和田浦よりも先に小学校ができた。海側に住む子どもたちは、この街道を使って通学したという。さらに視線を上げれば、遠くに富士山が。当時の花嫁もこの姿を見たに違いない。

山頂へは高さ20mほどの足場の悪い急斜面を慎重に登る。そこで出迎えてくれたのは、〝お福さん〟と呼ばれる微笑ましい花嫁の石像。残念ながら眺望は利かないが、お福さんの幸せそうな笑みに、ふたつの村を繋いだ当時の花嫁の面影を見るようだった。

ここでみえる

お福さん

山頂にある花嫁の石像。脇には「男女年令を問はず縁結び承ります」の看板が立つ。

Column

マテバシイの不思議な森は漁業のための植林

主に九州や沖縄に分布するマテバシイ。登山道途中にあるマテバシイの森は、周辺の海で行われている海苔の養殖の資材として植えられた。当時は海中にマテバシイの柱を立て、網を張ることで海苔を育てていた。今ではマテバシイも使われることもなく、灰白色の樹皮で、ねじ曲がった樹形の木だけが続く森は、独特の景観だ。

類さんの一句

菜の花や
むかし花嫁通りけむ

菜の花＝春の季語。
句意：花嫁街道と呼ばれる海と山をつなぐ登山道を歩く。古には花嫁も往き来したという。海側は菜の花盛りで春爛漫。ローカル線を背に菜の花畑越しのシーンから始まる。

花嫁街道のもう一方の起点・五十蔵の集落には棚田が広がる

烏場山へのアクセス

花嫁街道登山口へは、公共交通機関の場合、JR和田浦駅から徒歩約30分。

車の場合、JR和田浦駅から国道128号を東へ進み、花嫁街道の道標に従い進む。登山口周辺に駐車スペースあり。

類'sインプレッション

お互いの村は烏場山に
遮られて見えないけれど、
花嫁街道で交流することで繋がり、
縁を深めていった。
実際に歩いて、
それが分かったような気がします。
今も山で人が
繋がっているのが素敵です。

下山の後のお楽しみ
〜鯨の刺身〜

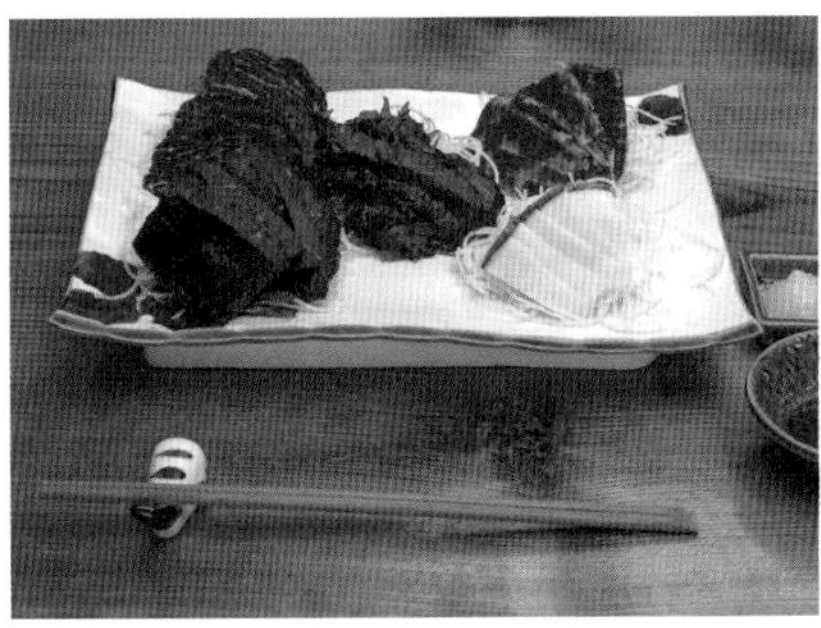

東京に最も近い捕鯨基地として知られる和田浦。今ではなかなか口にできなくなった貴重な鯨肉を刺身、竜田揚げなどで通年味わえる。イワシクジラの刺身は、旨みが凝縮されまろやか。夏にはツチクジラがシーズンを迎え、熟成させることで柔らかでクセのない味わい。爽やかで軽い吉野酒造の『腰古井 生貯蔵酒』と合わせたい。

店舗名	道の駅和田浦WA・O！
住所	千葉県南房総市和田町仁我浦243
TEL	0470-47-3100

神奈川県

鍋割山

伝説の歩荷と名物鍋焼きうどん

丹沢山系のなかでも屈指の人気を誇る鍋割山。かつてはマイナーな存在だったものの、一人の歩荷が山頂小屋や登山道を整備したことで、今や四季を通じて賑わうようになった。人気に拍車を掛けたのが、山頂小屋の名物料理。心身共に温まるその味を目指して登る。

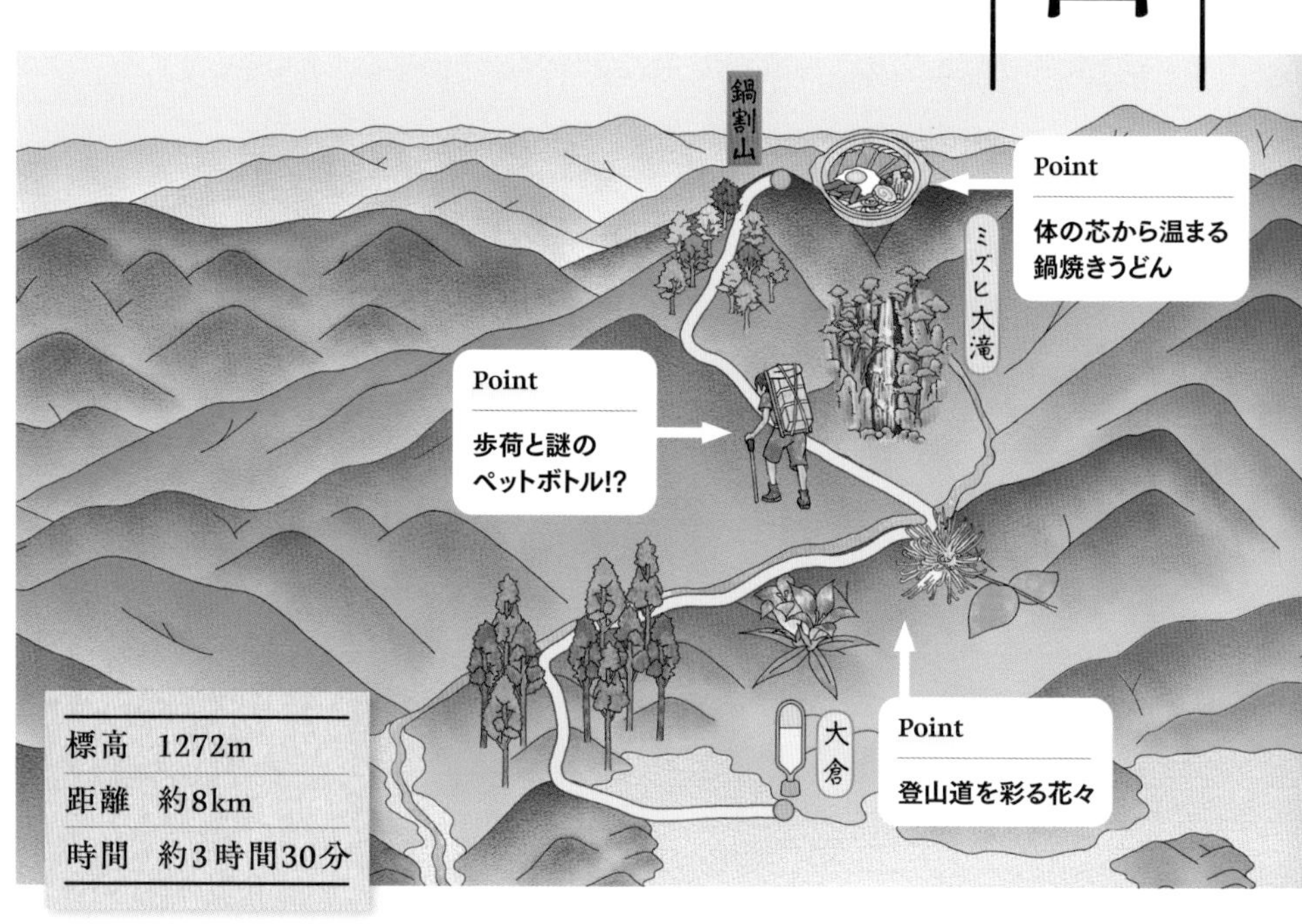

清流や森の変化に富む道は歩きやすいが標高差ある本格派

神奈川県中西部に広がる丹沢大山国定公園の南部に位置する鍋割山。ブナの森をはじめ、春はヤマザクラ、秋は紅葉と季節に応じて楽しめる。いくつかあるコースのなかで、今回は大倉を起点とする。標高差が1000mある本格的登山となるが、道は整備され歩きやすい。荷物を担ぎ上げる歩荷が、歩きやすいよう工夫されているのだ。こうなるまでには伝説の歩荷の存在を忘れてはならない。彼が待つ山頂小屋を目指して進む。

登山口〜ミズヒ大滝

11月の鍋割山は紅葉真っ盛り。「人の勢いに圧倒されそう」と盛況ぶりに類さんも驚く。その人気を探るのが今回の目的でもある。

沢沿いを進むと姿を見せる高さ約20mのミズヒの大滝

運ぶことで知る豊かな水のありがたさ

バス停のある大倉から1時間ほど林道を進む。すると早速類さんが可憐なリンドウを発見。同行者も細長い花びらのコウヤボウキを指さす。さらに見上げれば鮮やかな紅葉。彩り豊かな登山道に、早くもこの山の人気の理由が分かり始めた。

道は清らかな流れの四十八瀬川と合流する。ここからコースを外れ、歩くこと15分。そこに現れたのは、豪快に流れ落ちるミズヒの大滝。「渓流釣りに通っていた頃が懐かしい」と目を細める類さん。山の懐深くにある桃源郷を見つけたようだ。

再び登山道へ戻ると、なにやら水が入ったペットボトルが並ぶ不思議な光景が。これは、水道のない山頂の鍋割山荘の水を、登山客がボランティアで運ぶための仕組み。類さんも迷ったあげく2リットル2本をザックに入れ、「ようし！」と気合いを入れ直す。

さすがに足取りが重くなった類さんに、自らの背丈よりも高い荷物を背負う青年が追い着く。山頂へ物資を担ぎ上げる歩荷だ。「キツくなったら手伝いますよ」と見得を切った類さんだが、いつしか青年の姿は遥か先へと消えていった。

Column

水を運び上げれば名物料理もさらに美味に

「ボランティア精神旺盛な方は御協力お願いします」と掲げられた看板のもとに、水が詰まった2リットルのペットボトルが何本も置かれている。これは鍋割山荘の水道水として活用される。同荘を利用する場合は、あくまでも無理のない範囲で、運び上げるのがマナーかもしれない。負荷が増える分、山荘で味わう料理も格別なはずだ。

ミズヒ大滝～山頂

紅葉のトンネルの先に待つ「丹沢の天狗」のもとへ

疾風のように過ぎ去った歩荷の青年に、呆気にとられる類さん。我に返るとザックに入った水の重みが、じわじわと肩に食い込む。

せめてもの救いは歩きやすい登山道。ステップは低く、しかも滑りにくいように、材木には切り込みが入っている。これは重い荷物を背負った歩荷が、少しでも楽に登れるようにした工夫。この整備は約50年前から始まり、今も続いている。

この取り組みが始まったきっかけは、その健脚ぶりから〝丹沢の天狗〟とも言われた鍋割山荘の店主・草野延孝さんの存在が大きい。草野さんへ早く会いに行くべく、類さんもギアを一段上げて、尾根までの急登に取り付く。

尾根に着くと紅葉が一層鮮やかに。赤や黄のグラデーションを見せる木々のトンネルを通って高度を上げて行く。すると徐々に空が開け山頂の気配が漂い始める。

「これは幻聴？　鍋の煮える音が聞こえる。香りがしてきた。これは本当！」。飲むことと同じく、食べることにも貪欲な類さん。その五感はもはや野生動物並みに鋭くなっている。

山頂の鍋割山荘の建物が見えてきた。周囲は鍋焼きうどんをすする登山客で賑わう。名物料理をさらに美味しくさせるのは、そこから見える相模湾と富士山の絶景だ。

野鳥の鳴き声響く紅葉のトンネルを進む

Column

鍋割山を人気スポットにした立役者

鍋割山荘の店主・草野延孝さんが歩荷を始めたのは、学生時代の山岳部のアルバイトから。かつては100キロを超える荷物を運んだ。その後、閉業していた山荘を引き継ぎ、自ら70キロ以上の資材を運び上げ、20年がかりで山荘を整備。いつしか丹沢山系の登山の拠点のひとつとなった。70歳を超えた今も毎朝40キロ近い荷物を運ぶ。

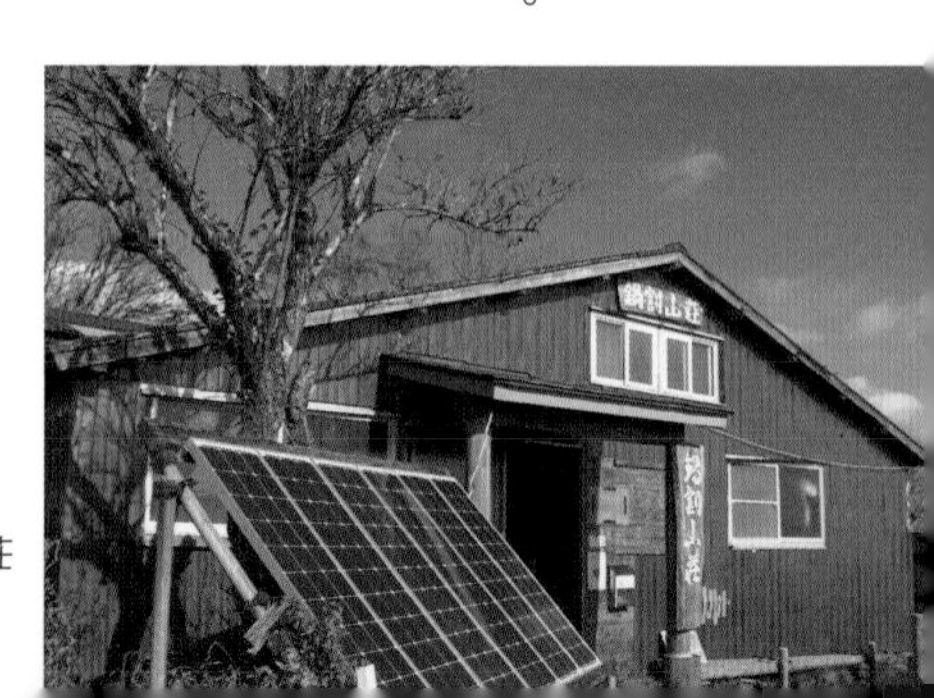

登山客を温かな料理でもてなす鍋割山荘

類さんの一句

飄々と歩荷　孤高の芒（すすき）かな

芒＝秋の季語。
句意：山小屋の主・草野さんの歩荷人生が句作のテーマ。
山頂で風に飄々と揺れる枯れススキを見て、老いた主の生きざまと重ねた。

広々とした山頂付近では、秋は芒越しの眺望を楽しめる

鍋割山へのアクセス

登山口・大倉へは、公共交通機関の場合、小田急渋沢駅からバス「大倉」行きに乗車、終点下車。
車の場合、秦野丹沢スマートICを降り、神奈川県立秦野戸川公園方面へ。大倉バス停がある同公園の有料駐車場を利用。

類'sインプレッション

僕の丹沢のイメージが
変わりましたね。
水と森と美味しい料理があって、
安心して登れる。
ひとつひとつ運び上げ、
丁寧に手を入れ続けたことで、
魅力溢れる山になったと思います。

下山の前のお楽しみ ～鍋焼きうどん～

一人前ずつ土鍋で煮込む鍋焼きうどんが名物。季節を問わず、これを目当てに鍋割山を目指す登山客も多い。卵、カボチャの天ぷら、油揚げなど具だくさんで食べ応え十分。少し濃い目の味付けと熱々のツユが疲れた体に染み渡る。多い日には何百杯も出ることもあるが、売り切れ次第終了なので、できるだけ早めに足を運びたい。

店舗名	鍋割山荘
住所	神奈川県秦野市三廻部（鍋割山山頂）
TEL	0463-87-3298

神奈川県

大平山

裏山に佇む鎌倉殿ゆかりの遺構

古都・鎌倉の背後を囲む標高150mほどの丘陵地帯。〝鎌倉アルプス〟とも呼ばれる山々の最高峰が大平山。市街地のすぐ裏手にありながら豊かな自然が残る。さらに深く分け入れば鎌倉時代を偲べる遺構が点在し、つわものたちの栄枯盛衰を肌で感じることができる。

標高	159m
距離	約5.5km
時間	約2時間30分

市民の裏山として親しまれる手軽で味わい深い低山ハイク

若宮八幡宮や建長寺など名だたる神社仏閣の背後に連なる鎌倉アルプスの主峰・大平山。鎌倉市の最高峰であり、横浜市との境界に接している。各所からルートがのびているが、人気は建長寺を起点として尾根沿いを進む天園ハイキングコース。山中には、市街地では見られない鎌倉時代の遺構が点在する。また市街地を一望することで、この山が町の形成に大きな役割を果たしたことが理解できるだろう。

建長寺〜半僧坊

市街地へ迫る崖に、鎌倉の成り立ちを垣間見る

鎌倉には句会のため、何度も足を運んでいた類さん。しかし「登るべき山があるなんて、考えていませんでした」と、登山口までの道中に首をひねる。それもそのはず、「鎌倉アルプス」とはいえ、最高峰の大平山で標高159m。「今日は階段を登る程度」と余裕綽々だ。

今回のスタートは鎌倉時代中期に開かれた古刹・建長寺。「おおー。立派ですね！　この山門」。大河ドラマ「鎌倉殿の13人」は、ほぼ毎週チェックしていた類さんだけに、気分も上がる。その荘厳な佇まいから、時の執権・北条氏の威光を感じ取っているようだ。

ところが、解説板を読むなり、「この建物は江戸時代に再建…鎌倉時代じゃないんですね」と予想外の謂れに拍子抜け。

鎌倉幕府が倒れ室町時代に入ると、この地は衰退の一途を辿った。そのため現在の市街地に当時の建物は、ほぼ残っていない。地震や火災に何度も遭った建長寺もまたしかり。

立派な伽藍の境内には、河津桜が色づく。道は奥へと続き、深い谷の底にいるかのように崖が迫る。それを穿つように掛けられた石段が山頂への登山道だ。「この崖は人工的に崩していった感じがしますね」。実はこの地形こそ、鎌倉時代を伝える証とは、まだ類さんは気付いていないようだ。

半僧坊への石段はおよそ250段あり、登り切ると眺望が開く

Column

徳川将軍が観光都市・鎌倉をつくった!?

1253（建長5）年、鎌倉幕府5代執権・北条時頼が建立した建長寺。しかし幕府が倒れたことで、社寺も荒れていくばかりだった。江戸時代、徳川氏が将軍になると、日本初の武家政権の誕生地である鎌倉を聖地と崇めるため、社寺を再建していった。この頃から再び古都としての価値を取り戻し、庶民の観光地として注目されだした。

半僧坊〜山頂

ひっそりと佇む栄華の跡と太平洋を望む頂へ

建長寺の最奥・半僧坊の石段を登ると、鎌倉アルプスの稜線に出る。周囲はヤブツバキなど緑豊かな常緑樹に変わり、アップダウンが続く。標高が低いとはいえ、侮りがたいコースだ。ほどなく現れたのが岩に彫られた石仏。振り返ると鎌倉を一望できる。「周囲の山が城壁になっていたのですね」と類さんは、鎌倉に幕府が開かれた理由を風景から見て取る。そして山に迫るように住宅が並ぶ様子を目にして「どうしてこんな地形なのか分かりました！」と声を上げた。開府と共に人口が急増した鎌倉では、土地確保のために谷を奥まで削ったのだ。それを「谷戸（やと）」と呼び、建長寺もそこに建つ。

「見せたいものがある」との同行者の誘いに「いざ鎌倉！」と森の奥へ入っていく類さん。そこには石仏が鎮座する多くの岩窟が。これは鎌倉時代の「やぐら」と呼ばれる墓。平地が少ない鎌倉ゆえに、山が神聖な地として墓所になった。それが幸いして、現代まで残ることができたのだ。

再び尾根沿いを進み、急な登りにさしかかると、山頂はすぐそこ。しかし辿り着いた山頂は眺望もない。類さんの視線の先には、さらにもうひとつのピークが横たわる。

国土地理院によるとこの先の「天園」と呼ばれる広場が大平山。本日2度目の登頂を喜ぶ類さんの目の前に、おだやかな太平洋が広がっていた。

鎌倉を一望する場所にある「十王岩」と呼ばれる石仏

Column

数少ない鎌倉時代の遺構「やぐら」

大平山の南斜面の崖に何段にもわたり連なる横穴群「やぐら」。鎌倉時代のものとされ、大平山には180近くある。高位な僧侶や武士を葬った墓とされ、土地不足や穢れを遠ざける理由で、山中につくられたといわれる。かつては塗装や木の骨組みが施されていたとも考えられている。鎌倉時代の名残を見ることができる数少ない史跡。

太平洋を望む天園の山頂周辺には休憩所もある

類さんの一句

風に解く石仏谷戸(やと)の霞(かすみ)かな

霞＝春の季語。
句意：登山道脇にある石仏や石窟（やぐら）の風化が進んで解けていく。鎌倉ならではの地形「谷戸」が霞むように鎌倉時代の遺構も曖昧になっていく。

ルートから少し外れた森の中に点在する「やぐら」の横穴群

大平山へのアクセス

登山口となる建長寺へは、公共交通機関の場合、JR北鎌倉駅から徒歩12分。

車の場合、朝比奈ICまたは逗子ICが最寄りIC。建長寺周辺のコインパーキングを利用。

類'sインプレッション

都としては捨てられた鎌倉ですが、
山の中に残った当時の
お墓を見ることができるなんて、
僕は想像もできなかったです。
山頂からの輝く
太平洋も印象的でした。
まさに新しい鎌倉を発見できました。

下山の後のお楽しみ ～たたみいわし～

鎌倉沖で漁獲量が多いカタクチイワシの稚魚“シラス”を天日干しにして、畳のように薄い板状にした加工食品。江戸時代から続く伝統的な食品で、味付けはされていないため、軽く炙って醤油などで味わう。香ばしい香りとサクサクの食感、シラスの旨みが楽しめ、地元酒販店オリジナルの日本酒『鎌倉五山 純米』の辛口な味にもぴったり。

店舗名	肴と酒の店 いさむ
住所	神奈川県鎌倉市小町2-3-9
TEL	0467-23-1817

関東

神奈川県・静岡県

金時山

生ける金太郎伝説と富士山の大展望

金太郎伝説のモデル坂田金時ゆかりの山で、怪力にちなんだ物語に耳を傾けつつ頂へ。山頂からは、胸をすくような富士山のパノラマが迫る圧巻の大絶景。老舗の茶店にも驚きの体力自慢の逸話が。伝説と現実が引き寄せ合う不思議なパワーを感じずにはいられない。

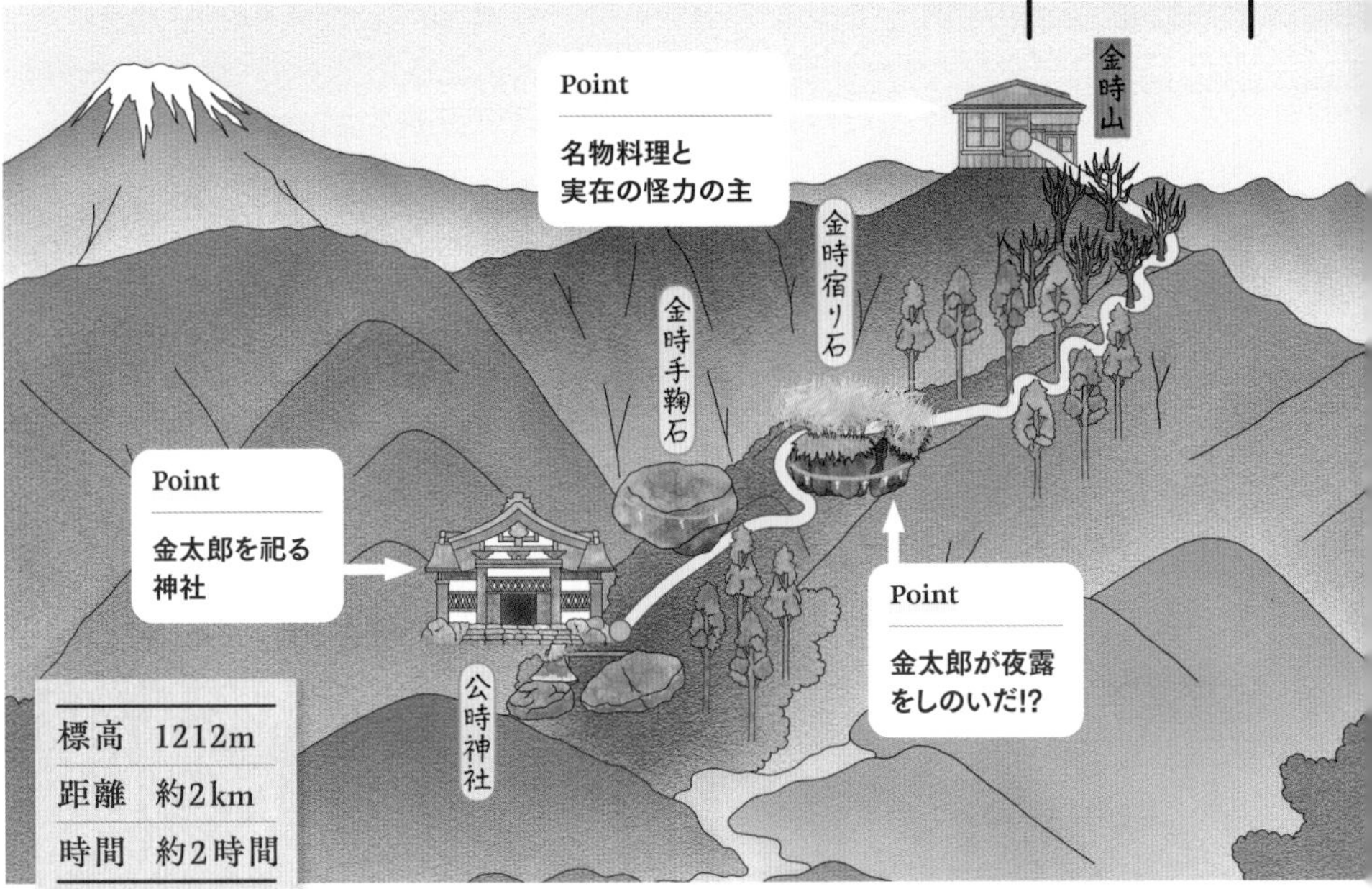

標高	1212m
距離	約2km
時間	約2時間

〝毎日登山〟と茶屋で親しまれる箱根山外輪山最高峰の三百名山

神奈川県と静岡県の県境に位置し、地元の人からは〝毎日登山〟のフィールドとして親しまれている。公時神社からスタートする南斜面のコースは、金太郎伝説ゆかりの巨岩が現れ、火山由来の山だということがよく分かる。稜線からは箱根外輪山、また山頂に立てば富士山の全景が望める。山頂にある茶屋の先々代は、新田次郎の小説のモデルになった怪力の持ち主。名物料理に舌鼓を打ちつつ、新旧の武勇伝に耳を傾ける。

公時神社～金時宿り石

火山活動が生んだ巨石に金太郎伝説を見て取る

金太郎のモデルとなった、平安時代の怪力の持ち主・坂田金時を祀る公時神社が登山口。早速類さんが見つけたのが、巨大なマサカリの奉納品。金太郎は金時山を舞台に、クマと相撲を取るなど、動物たちと遊び回ったという。金太郎のパワーにあやかり、手を合わせる。

史実としての金時の存在には異論もあるが、実在していたことにするほうが、金時山をより一層楽しめるはずだ。聞くところによると、金時に勝るとも劣らない、実在した体力自慢も、この山と関わりが深いという。

神社の横からのびる登山道は、スギ並木の緩やかな登り。坂田金時の碑を過ぎて現れたのが、「金時手鞠石」と呼ばれる直径5mの巨石。「これで手鞠をするとは…」と怪力ぶりに類さんも絶句する。そこから歩くこと500m。さらに巨大な岩が見えてきた。直径20mの金時宿り石は、金太郎と母親が夜露をしのいだと伝わる。「大きなものを見るとワクワクしますね」。類さんのその期待を裏切らない、壮大な風景がこの先に待っている。

手鞠石など火山活動由来の巨石が点在する

ここでみつけた

マサカリ

公時神社境内にある巨大なマサカリ。絵馬やお守りも金太郎をモチーフにしたものがある。

Column

歴史ロマンとして楽しむ坂田金時の存在

坂田金時は平安時代にいたとされる武将。「金太郎」の幼名を持ち、子どもの頃から怪力の持ち主だった。その力量が源頼光（みなもとのよりみつ）に認められ、坂田金時と改名し京にのぼる。鬼の酒呑童子（しゅてんどうじ）を退治するなど活躍し、頼光四天王の一人に数えられるほどになった。ただし実在したかどうかは謎であり、出生地伝説や逸話が全国各地に伝わっている。

関東

金時宿り石～山頂

スケールの違いを感じる絶景と武勇伝

金時宿り石からは、標高差３００ｍを一気にこなす急登だ。息が上がる同行者に「いざとなれば背負いますよ」と勇ましく声をかける類さん。「きっと（私は）すごい重いですよ」と返す同行者。それに対して「言ってみただけですけどね」。こんな調子で会話が弾んでいたのもつかの間。急登で歩きづらい不安定な岩場の道に、次第に口数も減る。

そんな類さんの前に、軽快な足取りの登山客が現れた。今日で３８６８回目の登山という85歳の地元ハイカーだ。「金太郎ゆかりの山に毎日登ることが生きる力になります」。その言葉に力をもらい、一踏ん張りすること30分。視界が開けた稜線に出た。目の前には箱根火山に広がる仙石原が。「パワーがみなぎる風景ですよね」と類さん。

山頂が近づく。「うわ！　見えましたね！」。富士山が望めるとは聞いていたものの、これまで気配すら感じなかった。その頂で突如姿を見せる富士山のパノラマが心を打つ。

山頂の金時茶屋で一息つく。話を聞けば先々代の店主は、荷揚げを生業とした強力としても活躍。２００キロの石を背負い山を登った怪力の持ち主だという。

「彼こそ金太郎以外の何者でもないですね。すごい！」。実は金太郎は、現代の金時山に実在したことを知った類さんだった。

ひとつの岩が1931（昭和6）年に真っ二つに割れた宿り石

Column

伝説の強力は金太郎の生まれ変わり!?

金時茶屋の先々代の店主・小見山正さんは、富士山へ荷揚げをする強力として活躍した。1941（昭和16）年、北アルプス白馬岳（標高2932ｍ）の山頂に、約200キロの展望図指示盤を担ぎ上げた。この話が新田次郎の小説「強力伝」で描かれ、小見山さんは主人公のモデルとなっている。金太郎の故郷出身というプライドで挑んだそうだ。

金時茶屋の先代の女将も「金時娘」として有名

類さんの一句

春昼の富士を頂く裾野まで

春昼＝春の季語。
句意：春の日差しで裾野の雪が解けている。両翼を張りつめた富士の裾野の雄大さまでが余さず眺められる。登山当日、圧巻のビューポイントを持つ金時山から富士の美しさを堪能。

富士山の裾野から山頂まで遮るものがない金時山からの眺め

金時山へのアクセス

箱根登山鉄道箱根湯本駅からバス「桃源台」行きに乗車、「仙石案内所前」バス停で御殿場駅方面に乗り換えて、「金時神社入口」下車。

車の場合、御殿場ICを降り、国道138号を箱根方面へ。金時公園に駐車場あり。

山頂ショット

宇宙規模の不死鳥のように羽を広げた富士山。山頂に着いた途端に出合えた素晴らしい風景。金太郎のパワーは、地球のパワーだったかもしれません。また金太郎がすごく身近に感じられた山でした。

下山の前のお楽しみ ～ナメコの味噌汁～

山頂に立つ金時茶屋では、うどんやおでんをはじめコーヒー、甘酒など温かいメニューで、登山の疲れを癒やしてくれる。名物のナメコの味噌汁は、丸ごと一株使ったたっぷりのナメコがボリューム満点。ネギとミョウガの爽やかな風味も心地よいアクセント。店内の天井には毎日登山の登山客の名前と回数が掲げられている。

店舗名	金時茶屋
住所	静岡県駿東郡小山町844（金時山山頂）
TEL	0550-76-4855

エリア 三

中部

新潟県

角田山

海抜ゼロから目指す草花の頂

越後平野と日本海を遮るように横たわる角田山。標高500mにも満たないが、年間を通じて登山客は多い。人を惹きつけてやまないのは、バラエティに富んだコースと多彩な花々。そして遥か佐渡と広大な越後平野を見晴らす眺望。伐採で一時期無残な姿をさらしたが、献身的な手入れにより、人気スポットとなった山に海抜ゼロから挑む。

切り立った稜線"馬の背"を慎重に進む類さん

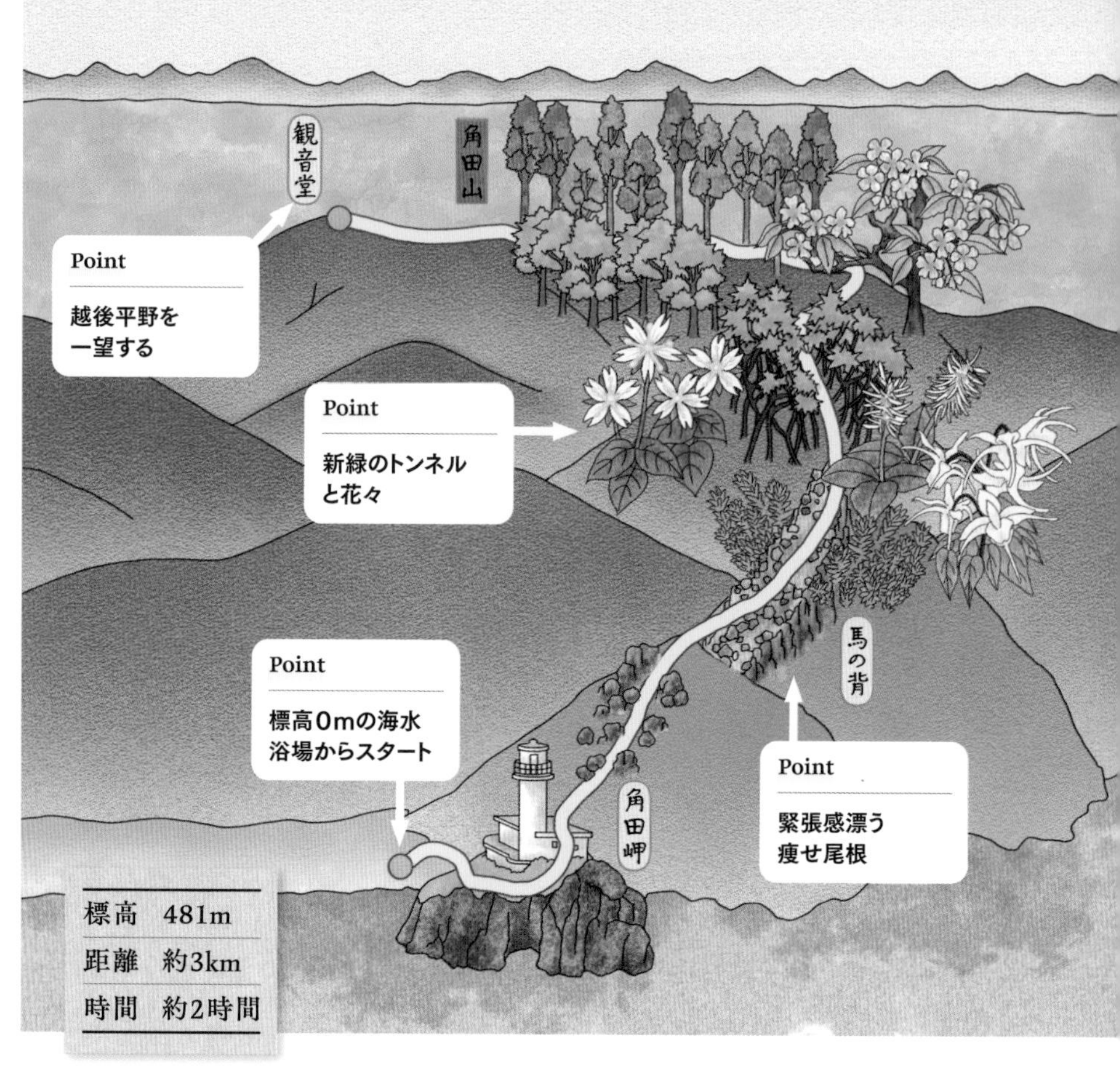

多彩なコースに年間10万人以上が訪れる人気の里山

新潟市の南西部・西蒲区にある角田山は佐渡弥彦米山国定公園に指定され、年間を通じて登山客が足を運ぶ。標高は低いながらも、新潟市が公認するコースだけで7つも登山道がのび、いずれもコースタイムは1～2時間程度。難易度や目的に合わせたトレッキングが楽しめる。新潟県内に自生する草花のほとんどをこの山で観察できることから〝新・花の百名山〟にも選ばれている。この山の南にある弥彦山と共に、周辺住民にとってシンボル的な存在で、校歌にも取り上げられている。今回は難易度が高めながらも、登り応えのある灯台コースを歩き、独特の地形と花々、そして展望を満喫する。

登山口～馬の背

日本海の波打ち際から急登を攻略し、遥か佐渡島を望む

簡素に〝海水浴場〟と書かれたバス停に降り立った類さん。これから登山をするのに、海に向かうというのは、これまであまりなかったことだ。「海抜0mから登る…。これは楽しいですね。頑張ります」。これぞまさに〝百低山版SEA TO SUMMIT〟。

登り始める前に、登山コースの地図を同行者と共に眺める。今回選んだ灯台コースの難易度は〝5〟。難しいコースながらも、変化に富んだ風景が楽しめると噂に聞く。「(難易度)1にしませんか?」と心配する同行者に「大丈夫、大丈夫」と自信満々。だが、波打ち際の断崖に取り付けられた急登の階段で、それも早々に揺らぎ始める。

途中、小休憩を挟みつつ階段を上り切ると、コースの由来ともなった白亜の灯台に辿り着く。海面から灯火まで約50mの高さがある角田岬灯台。ここから西を望めば、春霞の日本海の先に佐渡島がうっすらと浮かぶ。「(佐渡島が)見えているんだ!」。今、類さんが立っているのは、本州と佐渡島が最も近くなる場所だ。

灯台からは日本海に背を向けて、アップダウンのある稜線歩きが始まる。足場は海底火山由来のゴツゴツとした岩場となり、傾斜も増すばかり。「キツい登りですね。(急すぎて)力が抜ける…」。先ほどまで類さんにみなぎっていた自信は、どこかに消え去ったようだ。

夏に多くの人で賑わう角田浜海水浴場を歩く

Column

新潟市公認コース以外にも存在する豊富な登山道

角田山の新潟市公認の登山コースは五ヶ峠コース(難易度1)、福井ほたるの里コース(同2)、浦浜コース(同2)、五りん石コース(同4)、稲島(とうじま)コース(同4)、湯之腰コース(同4)、灯台コースの7つ。しかしこれら以外にも、50もの道が通じ、昔から多くの人がこの山を利用していたことが分かる。

馬の背〜新緑のトンネル

草花の出迎えを心待ちに、切り立つ難所を慎重に越える

繰り返されるアップダウンで、疲労度は増すが、なかなか高度を稼げない稜線が続く。ようやく標高150m付近に到達すると、このコースの最大の難所・馬の背が立ちはだかる。「怖いね…」と類さんも思わず漏らす。稜線の両側が断崖となった痩せ尾根に緊張が走る。

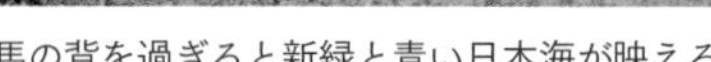
馬の背を過ぎると新緑と青い日本海が映える

幸いにして転落防止のチェーンが張られているので、よほどのことがない限り大事には至らなそうだ。とはいえ低山とは思えぬ大迫力の光景。これも海底火山の溶岩が、潮風や波によって浸食されてできた太古の地殻変動の名残だ。

馬の背を越えるも、しばらく岩場の急登が続き、苦戦を強いられる。休憩を繰り返す度に後ろを振り向けば、日本海が励ますように輝く。

最高難度で高低差500m足らずというコース内容は、人によってはさほど苦にならないかもしれない。しかし2日前にもロケで別の山を登り、中一日で再び山に挑む類さんの疲労度はいかほどか。「もう疲れは笑い飛ばしましょう！」と、こちらの心配を一笑に付す類さん。何のことはない、まだまだ元気だ。

ようやく標高200mまで高度を上げてきた。ここから道はなだらかになる。「なんか風景が変わりましたね」と同行者が指摘した通り、先ほどまでの荒れた岩場から一転して、鮮やかな新緑のトンネルに包まれる。「この山が本当に萌えている色ですよ。萌黄色

馬の背を越えなだらかな新緑のトンネルを歩く

角田岬灯台を見下ろす稜線。かすかに佐渡島の姿が浮かぶ

というのかな。こんな美しい山はないですよ」。

足元には次から次へと花が姿を見せる。可憐なヒトリシズカ、紫色のスミレサイシンなど、彩りの異なる花々の歓迎だ。しかもコースごとに楽しめる花の種類が同じではないという。「これはもう全部の花を見てみたいですね」。苦行の末に辿り着いた花の楽園にご満悦の類さん。「ほろ酔ってますよ」と花見酒ならぬ花見登山に酔いしれているようだ。

Column

地域を支え、地域の人々が支えた山

かつて広葉樹の原生林が広がっていた角田山。明治時代になると、日本有数のスギの産地となり、林業が麓の人々を支えた。最盛期には9割以上がスギ林になったが、外材の輸入により林業が衰退すると、登山利用へと方向転換。地元ボランティアによる献身的な保護活動により、花々が咲き誇る“新・花の百名山”に選ばれるほどになった。

新緑のトンネル〜山頂

市民憩いの山頂を抜け越後平野を一望する

別コースが合流する道標を過ぎ、山頂へと続く道を行く。ふと類さんが森の様子を見て言う。「右は人工植林で、左は天然林に見える…」。これはかつて盛んだった林業の痕跡。実は角田山は、東西南北の斜面に面した集落ごとに異なる目的で山を利用するため、山中に数多くの道が張り巡らされた。その一部が現在の登山道になっている。

また日本海を遮るようにあることから、潮風を防ぎ、田畑に多くの実りをもたらす〝角田の金屏風〟との異名で讃えられた。「金屏風の上を歩いているのだね、僕たち」。

緩やかな稜線の先に山頂が見えてきた。眺望は利かないものの、多くの登山客がくつろぎ、この山が地元の人たちに親しまれていることが見て取れる。

さらに5分ほど先にある観音堂を目指す。遮るものがひとつもない絶景スポットだ。そこから見えた越後平野は、どこまでも続いているかのように、広く大きかった。

山頂に咲き誇るヤマザクラ。花見をするのにも最適な場所だ

Column

斜面ごとに異なる産業が発展して、地域に恵みを与えてきた山

角田山の南面で盛んだった林業。一方で東面の裾野では柿が栽培されている。角田山が海からの風を遮り、霜の被害を防ぐのだ。また西面では製塩や漁業、南西面は農業、北東面は採石など、地域に適した産業が発展していった。ほかにも薪や山菜の採取のため、山中に頻繁に人が入ることで、いくつもの生活道がのびていった。地域に恵みを与えることから敬意を込めて“角田の金屏風”と呼ばれるようになった。

観音堂から見える越後平野を背にポーズを決める

類さんの一句

海からの進化なぞらふ花の尾根

花＝山桜、春の季語。地元の人々が植えた山桜と登山道の花々も指す。
句意：日本海を背に断崖～尾根の登山道を上る。地元ボランティアが植えた登山道脇の花々が句作モチーフ。山頂付近の山桜（花霞）は圧巻だった。

角田岬灯台からのびる稜線の先にある角田山山頂

角田山へのアクセス

登山口の角田浜海水浴場へは、公共交通機関の場合、JR巻駅からバス「角田海水浴場」行きに乗車、終点下車。

車の場合、巻潟東ICを降り、国道460号を巻方面へ。途中、国道402号を経由し現地へ。無料駐車場あり。

山頂ショット

驚きでしたね。これほど美しく豊かな山であることを、もっと全国の人に知ってもらいたいです。また新緑の素晴らしい色合いに、ほろ酔いました。新潟には素晴らしい山と酒があるということです。

下山の後のお楽しみ ～クロクチ～

日本海に面する角田山の麓では、山海の新鮮な食材が豊富。この日の山の幸は山菜の天ぷら。海の幸はクロクチ（ムラサキインコ）と地元で呼ばれる貝を味噌汁で頂く。貝の旨みが溶け込んだ味噌汁は、締めの一杯としても楽しめるが、ほのかな甘味と酸味が特徴の地酒越後鶴亀の『越弌 純米吟醸』の酒肴としても相性がいい。

店舗名	一心
住所	新潟県新潟市西蒲区巻甲2703
TEL	0256-73-3071

中部

新潟県

弥彦山

越後を拓いた神が眠る山

〝越後一宮〟として新潟県民から慕われている彌彦神社。2400年以上もの歴史を誇る神社に祀られているのは、越後を開拓したとされる神様。神社の背後にそびえ、その神様が眠る弥彦山もまた、古くから信仰の対象となった。なぜこの地が聖地となり、多くの人々から崇められたのか。可憐な花々や野生動物に導かれて登った山頂には、その理由が垣間見られる絶景が待っていた。

 彌彦神社境内に立つ類さん。背後には弥彦山の稜線が見える

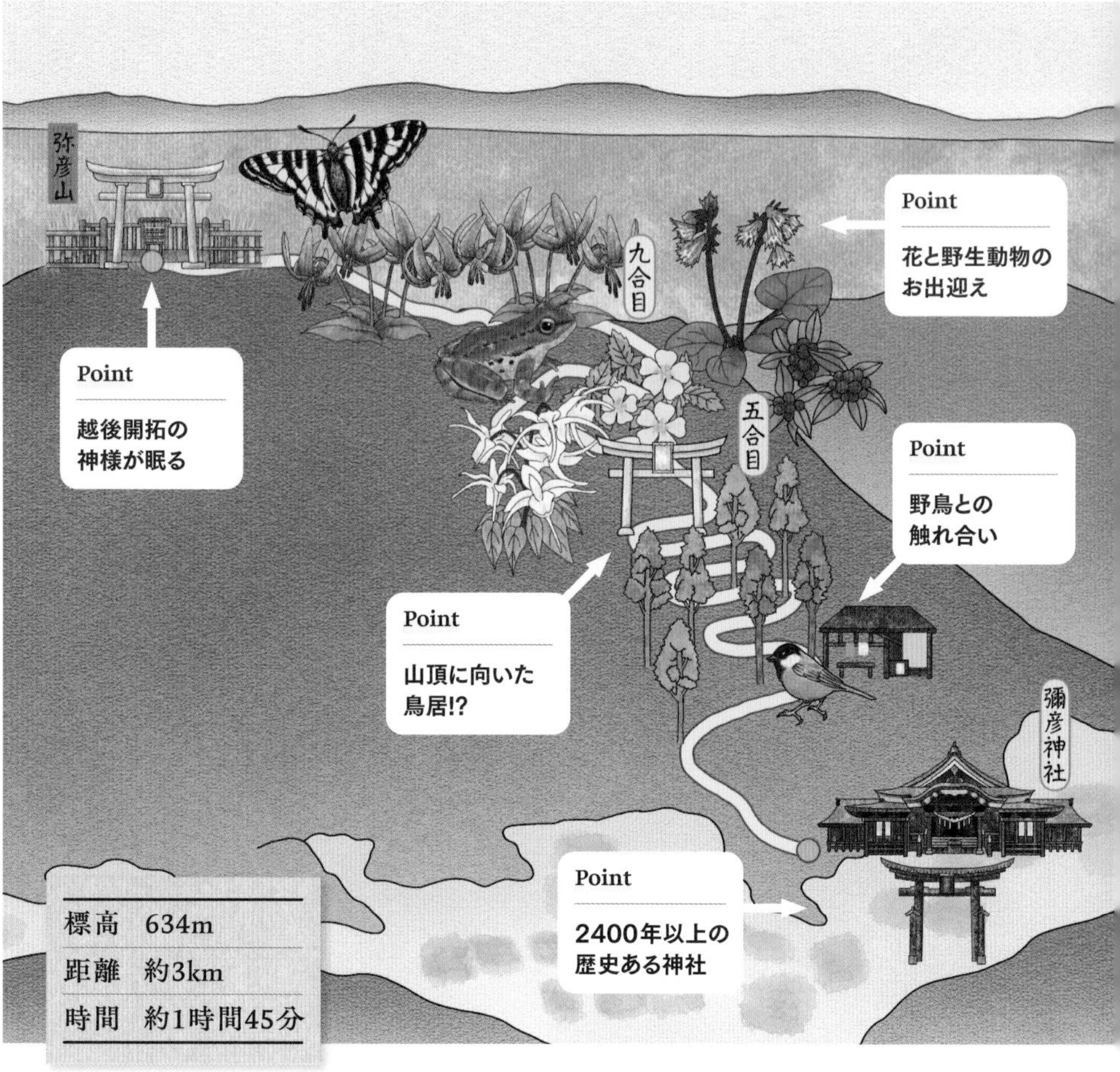

弥彦山

Point
越後開拓の神様が眠る

九合目

五合目

Point
花と野生動物のお出迎え

Point
野鳥との触れ合い

Point
山頂に向いた鳥居!?

彌彦神社

Point
2400年以上の歴史ある神社

標高	634m
距離	約3km
時間	約1時間45分

気軽に登れる行楽地で越後の風土に触れる

東京スカイツリーと同じ高さの弥彦山は、ロープウエイや車でも山頂付近まで簡単に行くことができる。また麓の彌彦神社は〝おやひこさま〟と親しまれ、初詣には約20万人が足を運び、弥彦山を含めた一帯は人気観光スポットになっている。彌彦神社から続く登山道は、よく整備され子どもでも歩きやすいため、ファミリー登山を楽しむ人も多い。一方で花や野生動物との触れ合いができる、豊かな自然が残され、山頂の絶景も見逃せない。あえて自力で登ることで、人気の秘密がよく分かるはずだ。

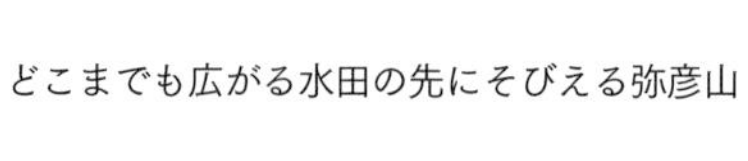
どこまでも広がる水田の先にそびえる弥彦山

高さ6mある彌彦神社の一の鳥居前に立つ類さん

登山口〜五合目

野鳥が舞い降りる鎮守の森でウォーミングアップ

新潟は言わずと知れた酒どころ。弥彦山には、越後へ酒造りを伝えた神様が眠るだけに、類さんが詣らないわけにはいかぬ。「どんな世界が待っているのでしょうね。ワクワクします」。出発前のいつものコメントも心なしか弾んでいるようだ。

鳥居をくぐり、巨木が並ぶ鎮守の森の石畳を進むと、背後に弥彦山を従えた拝殿が見えてきた。

万葉集にも詠まれ、源頼朝、徳川家康など時の権力者からも崇拝された彌彦神社。祀られているのは天香山命。この地に稲作や漁業、酒造りを伝えた越後開拓の祖神だ。そのありがたき神様に手を合わせ、拝殿の脇から登山道へと入る。

ほどなくして森の中に茶屋を見つけた。店頭に野鳥の餌が置いてある。それを手のひらに載せて待つこと10分。どこからともなくヤマガラが舞い降りてきた。「殺生が駄目な境内に守られていることを知っているのかもしれない」。かわいい野鳥との出会いに類さんも微笑む。

ここからつづら折りの急登となり、息が上がる。40分ほど格闘し、山頂が見える開けた場所に出た。

そこには道を塞ぐように鳥居が立つ。ここは遥拝所だったのだ。「こんなところにすごい鳥居を造ったものだ」。この山が篤き信仰を集めていたことを再認識する類さんだった。

ここでみつけた

コイワカガミ

五合目付近から登山道沿いに顔を見せる。似た品種にイワカガミやオオイワカガミがある。

Column

信仰心に感心する山頂を向いた鳥居

五合目にある高さ4mもの石造りの鳥居。これは1895(明治28)年、麓の人々により建立された。登山道が雪に埋まる冬、鳥居を分解し、ソリに乗せて運んだという。道を塞ぐように据えられているが、鳥居が向いているのは、山頂にある御神廟の方角。山頂まで登れない人たちが参拝するための遥拝所として利用された。

五合目～山頂

山頂へ誘う生き物たちに越後の豊かさを見る

　五合目からは日当たりのいい広葉樹の森。足元にはその名の通り錨の形をした白いイカリソウ、高山に咲く濃いピンクのコイワカガミが咲く。斜面には黄色いキジムシロが連なる。時には「グァー、グァー！」とタゴガエルの鳴き声も飛び込んでくる。「やっぱりこれは歩いて登らないと、見られない」。ロープウエイや車では出合えない豊かな自然を愛でながら高度を稼いでいく。

　鳥居から30分ほどで九合目に到着。赤紫色のカタクリが一面に咲く、なだらかな稜線歩きとなる。「あ、蝶がいます。ギフチョウだ！」。絶滅危惧種で、春にしか姿を見せないことから〝春の女神〟と呼ばれるギフチョウ。「あ、また来た、（山頂へ）案内してくれているね」。歓迎するように次々と現れる自然の生命に、この山の豊かさを感じずにはいられない。

「うわあ！」。類さんが声を上げたその先に、幾枚もの水田で埋め尽くされた越後平野が広がる。その背後には北アルプス、飯豊山地、谷川連峰、そして鳥海山など残雪の高峰が並ぶ。

　その大パノラマをひとしきり堪能した後は、そこに鎮座する御神廟へと参拝する。「ここに立っていると越後の中心にいるみたいですよね。神様がなぜここを選んだのか、分かるような気がする」。さながら越後の神様と酒場の神様が交誼を結んだようだ。

五合目まで続くつづら折りの道を登る

Column

神様が夫婦で眠る山頂の御神廟

天照大神の曾孫である天香山命。日本海から弥彦山に上陸し、越後に様々な産業の礎を築いたとされる。山頂にある墓とされる御神廟には、その妻・熟穂屋姫命と共に祀られていることから恋愛のパワースポットとしても知られている。毎年5月と10月の御神廟祭では、平安、五穀豊穣、登山者の安全などが祈願される。

ここでみえる

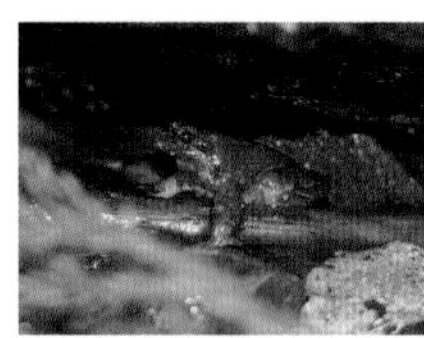

タゴガエル

渓流近くの水のある岩の隙間などに生息する。春の繁殖期になると鳴き声がよく聞こえる。

岐阜で発見されたことが由来のギフチョウ

類さんの一句

掌(てのひら)に 囀(さえず)り招く 弥彦かな

囀り＝春の季語。
句意：登山途中、ヒマワリの種を掌に載せて囀る野鳥を招き寄せたのが、句作のヒント。弥彦山の懐の深さを詠んだ。

森の中に立つ茶屋でヤマガラが類さんの手に舞い降りた

弥彦山へのアクセス

登山口の彌彦神社へは、公共交通機関の場合、JR弥彦駅下車、徒歩約10分。

車の場合、関東方面からは三条燕IC、新潟方面からは巻潟東ICが最寄り。いずれも現地まで約30分。神社周辺に無料駐車場あり。

山頂ショット

山頂からの眺めはまさに“神の視点”。越後平野を見渡せる場所にあること、そして夫婦の神様が見下ろしていることが象徴するように、この山が新潟の人たちの原点になっていると思いました。

下山の後のお楽しみ ～イカメンチ～

弥彦村のご当地グルメとして親しまれているイカメンチ。イカのすり身、タマネギ等を混ぜ合わせて揚げた一品は、おかずや酒肴に幅広く楽しめる。歯応えのあるイカの身とほのかに甘いタマネギがクセになりそうだ。古代米の愛国を使用し、弥彦山の伏流水で仕込んだ弥彦酒造の『彌彦愛国 純米吟醸』の芳醇な味にもマッチする。

店舗名	酒屋やよい
住所	新潟県西蒲原郡弥彦村弥彦1239-4
TEL	0256-94-5841

山梨県

羅漢寺山

酒の神が飛翔した スリリングな岩峰

甲府の奥座敷として知られる昇仙峡。奇岩や巨岩の間を豊富な水が流れ、日本有数の渓谷美で人々を魅了してきた。その渓谷の奥にそびえるのが羅漢寺山。山頂近くには、今も信仰を集める酒の神が鎮座する。〝山上のビーチ〟とも呼ばれる砂浜のような岩の頂はスリル満点。ここが酒の神が飛び立ったゲレンデだ。

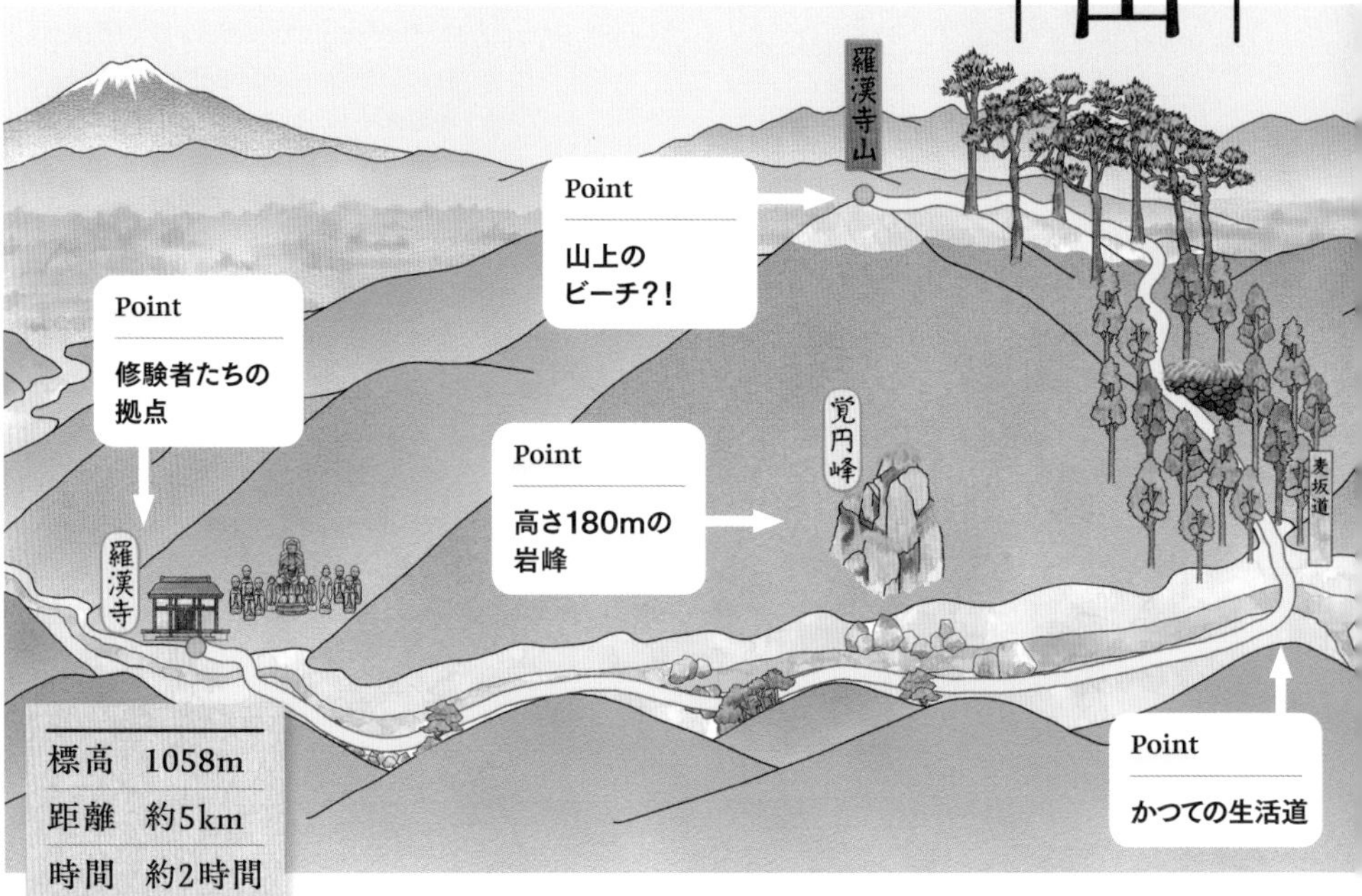

標高	1058m
距離	約5km
時間	約2時間

日本屈指の渓谷美の先にある古道と岩場のトレッキング

甲府市北部にある昇仙峡は、その渓谷美で首都圏からも多くの人が訪れる。羅漢寺山はその右岸にあり、弥三郎岳など3つあるピークの総称。修験道や酒の神様にまつわる伝承も残る。ロープウエイで山頂近くまで行けるが、今回のコースは、昇仙峡を経てかつての往還を辿り、主峰・弥三郎岳へ至る。山頂付近には鎖場もあり、足元は滑りやすい岩場となる。富士山や甲府盆地の眺望が開ける断崖絶壁の山頂を目指し、緊張感が漂う岩山歩きに挑戦する。

圧巻の渓谷美を散策して、先人が行き交った古道へ

まずは昇仙峡の入り口にある羅漢寺へと足を運んだ類さん。保管庫に並ぶ室町時代作の五百羅漢像154体を目の当たりにし、ここが信仰篤き山だったことを知る。

「僕の想像ですけど、昇仙峡にそびえる岩山は、山全体を羅漢像に見立てて名付けたのではないでしょうか」。羅漢寺から昇仙峡へと遊歩道を進み、一枚岩の岩峰・覚円峰（かくえんぼう）を仰ぎ見てつぶやく類さん。若かりし頃、仏教美術に傾倒しただけに、圧巻の渓谷美と羅漢像を独特のセンスで重ね合わせる。

高さ30mある仙娥滝（せんがたき）は昇仙峡の最奥部に位置する

観光客が行き交う昇仙峡を過ぎると、人影もまばらなスギ林の登山道へと入る。入り口には〝麦坂道〟と記された標識が立つ。「麦酒（ビール）道ならいいんだけど」と、本格的な山登りは始まったばかりなのに、類さんの思考は、いつも下山後の一杯へと飛躍してしまうようだ。

気を取り直して歩を進めると、畑や民家だったと思われる古びた石垣が尾根まで点在し、かつてあった人の営みが目に浮かぶ。

約1時間を要した麦坂道の急登。登り終えた先で、この道が江戸時代に麦やそばなどの穀物を運んだ道だったことを、地元ガイドが教えてくれた。「この険しい道を運んだんですね。昔の人は偉いと思います！」と、先ほどのビールの邪念を振り払い、先人に敬意を表した。

Column

富士山を励みに歩いたかつての往還

断崖絶壁連なる昇仙峡は、江戸時代末期まで道が通じていなかった。周辺に住む人々は、山を拓いた段々畑で麦などを耕作していた。それらを約10km先の甲府で売るために、この麦坂道を歩いて越え、一日がかりで帰ってきた。この坂を登り切ると、晴れた日には富士山が望め、峠越えで疲れた人々の目を楽しませていたかもしれない。

昇仙峡の道が開通するまで使われた麦坂道

麦坂道〜山頂

自然林を抜け、油断ならぬ白砂の岩の頂へ

「ヤッホー！」。尾根の先から、楽しげな声が聞こえてくる。ここは正面に富士山の姿が見えるはずの展望台。「曇っちゃったかな…」と類さんが嘆く通り、この日はあいにくの空模様。しかし雲の切れ間から少しだけ顔を出した山並みは、遥か先へ続いていることが分かる。

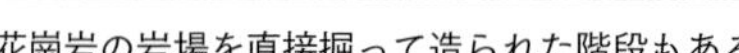
花崗岩の岩場を直接掘って造られた階段もある

周囲の木々はスギからアカマツへ、足元は露出した花崗岩へと変わる。類さんが断崖へ突き出た岩から下をのぞく。「うわーこれはすごいな…」。先ほど昇仙峡から見上げた巨岩の尾根に思わず足がすくむ。

さらに進むと、道は白い砂へと変化する。これは〝真砂（まさご）〟と呼ばれ、花崗（かこう）岩（がん）の風化で生まれた。天空に広がる白砂青松の光景に、「ビーチみたい！」と同行者も驚きの声を上げる。

木々の間から切り立った山頂が見えた。修験者のごとく岩の階段や鎖を使って登り、断崖の上を恐る恐る進む。最後の岩場に取り付こうした類さんが小さな祠（ほこら）を発見。これこそがお酒の神様・弥三郎を祀ったもの。危うく通り過ぎようとした無礼の詫びも兼ね、類さんはしっかりと手を合わせる。

切り立った断崖がスリル満点の山頂に立つ。断片的に雲に覆われているものの、眼下には水を蓄えた緑濃き森がどこまでも広がる。「フワーって飛びたい気分になりますね！」とはいうものの、禁酒を誓い飛び立った神様・弥三郎とは異なり、この日も類さんは慎重かつ急ぎ足で下山し、酒場へと向かうのであった。

悪酔い退散として紫水晶が祀られている弥三郎権現の祠

Column

お酒の神様・弥三郎権現

その昔、羅漢寺にいた弥三郎が醸す酒は、名酒と謳（うた）われ、かの武田家にも愛飲された。しかし大酒飲みの弥三郎は、失敗も多く、住職から厳しく諫められる。そこで禁酒を誓った弥三郎は、天狗となって弥三郎岳から飛び立ったという。その天狗を弥三郎権現として祀り、酒造りの神様として、現在も多くの醸造家が参拝に訪れている。

類さんの一句

峡谷に羅漢群れ立つ雲の峰

雲の峰＝夏の季語。
句意：昇仙峡に聳(そび)え立つ岩山が羅漢に譬(たと)えられている。羅漢寺山に雲がかかっており、その勇壮な景勝地が句作モチーフ。

昇仙峡にそびえる高さ180mの岩峰・覚円峰

羅漢寺山へのアクセス

登山口の羅漢寺へは、公共交通機関の場合、JR甲府駅南口からバス「昇仙峡」行きに乗車、「グリーンライン昇仙峡」バス停下車、徒歩約8分。

車の場合、甲府市内から県道104号、7号を経由。昇仙峡入り口に無料駐車場あり。

山頂ショット

ワインと銘酒も多い山梨。昇仙峡の豊かな水と山頂から見た森の深さが、その源だということが分かりました。そして弥三郎にはとても親近感が湧きました。大先輩の山にお邪魔できて良かったです。

下山の後のお楽しみ
～鳥もつ煮～

戦後まもなく生まれた甲府のご当地グルメ・鳥もつ煮発祥のお店。鳥もつ煮は、レバー、ハツ、砂肝などを、砂糖と醤油ベースのタレに強火で包み込むようにテリを付けた一品。蒲焼きのような香ばしく甘辛い味と変化に富んだ食感で、ご飯とお酒が進む。合わせるのは、この味に負けないコクとキレが特徴の太冠酒造の『純米太冠』をぬる燗で。

店舗名	奥藤本店 甲府駅前店
住所	山梨県甲府市丸の内1-7-4
TEL	055-232-0910

エリア四

近畿

滋賀県・岐阜県

伊吹山(いぶきやま)

天空の花畑に魅せられる百名山

滋賀と岐阜の県境にまたがる伊吹山。古くは『古事記(こじき)』、『日本書紀(にほんしょき)』にも記され、神々が宿る霊峰として崇められてきた。また山腹には織田信長ゆかりの薬草園の名残もある。時を経て、スキー場として賑わい、その後日本百名山にも選定。昭和の登山ブームで屈指の人気を誇る山となった。歴史ロマンと花々の楽園が人々を魅了している。

八合目付近にのびるつづら折りの急坂から山頂を眺める類さん

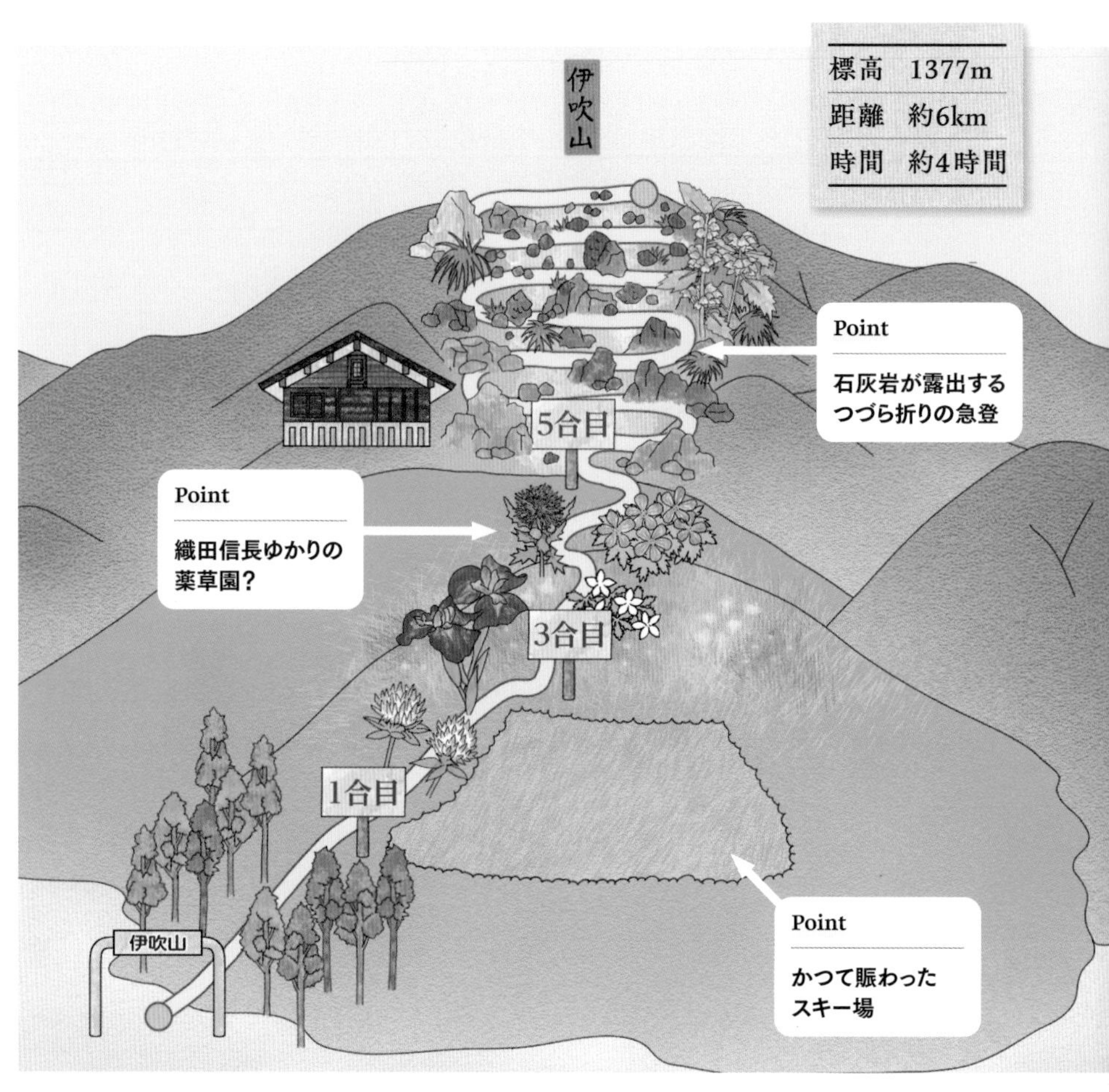

和歌や校歌にも数多く登場するほど古より慕われてきた滋賀県最高峰

新幹線の車窓から、その堂々たる山容を確認できる伊吹山。旅人にとっては、関西の玄関口を示すかのような存在だ。周辺の人々からも長きにわたり親しまれ、近隣地域にある350以上もの学校の校歌で歌われているという。神話や和歌にも登場する歴史ロマン溢れる山でありながら、現代の登山客を惹きつけてやまないのは、山を彩る1300種以上の草花たち。なかでも固有種は約30種もあり、植物学者・牧野富太郎からも愛された。なぜこの山は、植物の楽園になったのか？　低山ながら日本百名山に選ばれる魅力とは？　見どころ多き山行になりそうだ。

登山口〜三合目

スギ林の先にある爽やかな草原の登山道をゆく

実は前日に福井と岐阜の県境にある夜叉ヶ池山（標高1206m）を登った類さん。この日は疲労困憊かと思いきや、開口一番「伊吹山には結構期待を持っているんです」とますます意気盛んな様子。伊吹山は、それほど山好きの登山意欲をかき立てる山ということだろう。

その昔、修験者の活動拠点だった三之宮神社からスタート。隣接する受付に環境保全のための入山協力金300円を納め、登山道へと進む。

登山口周辺は日の射さないスギ林。登山道は広く整備されているものの、足元にはゴロゴロとした岩が転がり、注意が必要だ。1kmほど暗い森の中を歩くと、徐々に光が増していき、二合目付近で視界が開けた。

ここから先は草原地帯が広がる。突如現れたこの草原は、戦前から賑わったスキー場のゲレンデ跡。所々に痕跡があるものの、現在は閉鎖され、それが逆に眺望の良さを生み出している。

そしてここから山頂までは、標高が上がるごとに琵琶湖のパノラマが展開していく。ただし後半に急登があることは、類さんには秘密だ。

ふと足元を見ると可憐なハクサンハタザオの花。「こんな花になってみたい」という同行者の言葉を受け、「素晴らしい感性。この山でいっぱいそういう才能を伊吹（息吹）かせちゃってください」と駄洒落で返すほど、まだまだ元気な類さんだ。

高度が上がる度に琵琶湖の全貌が見えてくる

Column

豪雪地帯だからこそ賑わったスキー場

日本海の若狭湾と太平洋の伊勢湾に挟まれ、本州の最も狭い場所にある伊吹山。日本海の雪雲が太平洋へ抜ける際にぶつかり、豪雪をもたらす。11m28cmという積雪の世界記録もある。大正時代からスキー場が開業し、ピーク時には日本一の来場者数を誇った。しかしレジャーの多様化や雪不足で、2010（平成22）年に閉鎖された。

近畿

古から愛された天空にある奇跡の花畑

緩やかな草原の道を進むと、この山のハイライトが近づいて来る。三合目付近にある〝オカメガハラ〟と呼ばれるお花畑だ。「きれいな花を見つけた！」とアヤメの原種を目にして、類さんの声も弾む。

オカメガハラにはこの地に咲く主な花の紹介看板がある

伊吹山は7〜8月をピークに、春から秋にかけ、1300種以上の花で彩られる。なかにはこの地で発見されたイブキハタザオ、イブキフウロなど〝イブキ〟を冠する貴重な固有種も少なくない。

これほどまでに伊吹山が花で溢れる理由が場所と気候条件。伊吹山は本州が最も狭くなる場所にあることから、冷涼な日本海と温暖な太平洋のそれぞれの気候に適した花が生息することができるのだ。

さらに昔から芝刈りや採草により草原が保たれてきたなど、人間の営みも植物の生育に影響を与えた。平安時代の和歌がそれを伝える。

かくとだに　えやは伊吹のさしも草
さしも知らじな　燃ゆる思ひを

これは藤原実方朝臣（ふじわらのさねかたあそん）が女性へ詠んだラブレターだが〝伊吹のさしも草〟とは、現在も伊吹山名物のヨモギを指す。古来薬草として珍重されてきたヨモギのなかでも、伊吹山産は歌になるほど当時から名が通っていたようだ。

そんな伊吹山の環境に目をつけたのが織田信長。ポルトガルの宣教師に命

ここでみつけた

アヤメ

5月中旬から7月末頃まで全国で見られる。関東以西は標高1000m以上に生息する。

近畿

標高750mにあるお花畑のオカメガハラ。広さは1.5ヘクタールあり、周囲は食害を防ぐためフェンスで囲まれている

じて、この山に薬草園を開かせたという。それは戦で負った傷の治療や、武将たちが好んだ蒸気風呂に使う目的があったらしい。その痕跡は残っていないものの、それを物語るのが、ヨーロッパと伊吹山だけにしか生息しない帰化植物の存在。「(その植物が日本で)ここだけにしかないとしたら、信長の命で造らせた薬草園のおかげだったかもしれませんね」。類さんも天下人にまつわる歴史ドラマに思いを巡らせる。しかし伊吹山の草花の多様性には、さらなる要因もあるようだ。

Column

織田信長が開かせた薬草園!?

かつて織田信長が「人々の病を治すために薬草が必要」と考え、ポルトガルの宣教師が持っていたヨーロッパ産の3000種類の薬草を用い、この地に薬草園を開いたと伝えられている。ヨーロッパの牧草として知られるキバナノレンリソウは、日本で伊吹山にしか生息しない帰化植物。信長の薬草園の名残とも考えられている。

五合目〜山頂

石灰岩が露出するつづら折りから琵琶湖一望の頂へ

五合目から登山道はつづら折りの急登へ変わり、ゴツゴツとした石灰岩のガレ場となる。これこそ、〝花の伊吹山〟を生んだ最後の要因だ。

石灰岩は水が浸透しやすく、植物の生育には適さない。一方で伊吹山は、ほぼ毎日雲がかかり霧に包まれる。つまり草花はそのわずかな水分でしか生きていけない。「苦しい環境の中で、それに耐えられる強い植物だけが残るということですね」と類さんが見抜く。

八合目に至るものの、稜線へ続く厳しい登りに、さすがの類さんも「ここで水を飲みましょうか」と水分補給のための小休憩。周囲にはオドリコソウが風に揺れる。その姿に元気を分けてもらい、再び歩き出す。

稜線まで辿り着けば、山頂はすぐそこ。山頂付近に軒を連ねる茶屋の誘惑を振り払い、その先にある頂へ。琵琶湖と周囲の山々、そして麓を新幹線が疾走するジオラマのような眺望に、類さんの疲れも一気に吹き飛んだ。

琵琶湖を眼下にしつつ、石灰岩のガレ場の急登に苦戦する

Column

希少な花を育む地質と気象の絶妙な関係性

採掘場として開発されたほど、石灰岩を豊富に有している伊吹山。この地質は植物の生育には適さない。また日本海と太平洋の湿った空気が流れ込みやすい場所にあるため、霧に覆われるのは年間300日以上といわれる。この希有な地質と気象の条件に適した草花だけが生育することで、独特の植物相を生み出したと考えられる。なお山頂付近の植物群は国の天然記念物に指定されている。

山頂からは琵琶湖をはじめ関ヶ原や白山も望める

類さんの一句

吹き上がる 風の喝采(かっさい) 踊子草

踊子草＝夏の季語。
句意：伊吹山に吹き上がる風と、揺れるオドリコソウが句作のヒント。同行者である宝塚出身の女優さんをオドリコソウに重ねています。頂上に近づくにつれオドリコソウの群生が見られ、女優に喝采を送るように咲き誇っている。

オドリコソウの見頃は、4月から6月にかけて麓から順次移っていく

伊吹山へのアクセス

登山口の三之宮神社へは、公共交通機関の場合、JR近江長岡駅からバス「曲谷」行きに乗車、「伊吹登山口」下車。またはJR長浜駅からバス「伊吹登山口」行きに乗車、終点下車。

車の場合、北陸方面からは長浜IC、大阪方面からは米原IC、名古屋方面からは関ヶ原ICが最寄りIC。三之宮神社周辺に有料駐車場あり。

山頂ショット

東京から京阪神へ向かう時、いつも新幹線で右手に映る伊吹山を見るのが一番の楽しみでした。その姿は近畿の入り口のランドマーク。旅の多い僕にとっては、印象深い存在の伊吹山に登れて大満足です。

下山の後のお楽しみ ～伊吹のおろしそば～

石灰質の痩せた土地である伊吹山では、修験者たちの食料として、平安時代後期からそばの栽培が行われていた。こちらでは在来種の伊吹そばとおろした伊吹大根、伊吹山の湧水を使用した伊吹大根おろしそばが自慢。伊吹そば独特の強い香りと旨みが、大根の辛味と絶妙にマッチする。

店舗名	久次郎
住所	滋賀県米原市大久保1032
TEL	0749-58-0906

標高1000mを超えると関西では珍しいブナの森が広がる

大阪府・奈良県

金剛山

大阪最高地点有する 楠木正成ゆかりの山

年間50万人以上の登山客が訪れる金剛山。かつては修験道の山でもあり、鎌倉末期の武将・楠木正成が活躍した歴史ロマンが溢れる山だ。大阪市内からも近いため、毎日登山に取り組む健脚者も数多い。この山を通じて知り合い、仲を深める登山客たちも。ここはコミュニケーションの場だ。そんな人たちとの触れ合いを求めて頂を目指す。

登り始めは紅葉に彩られた急な石段が続く

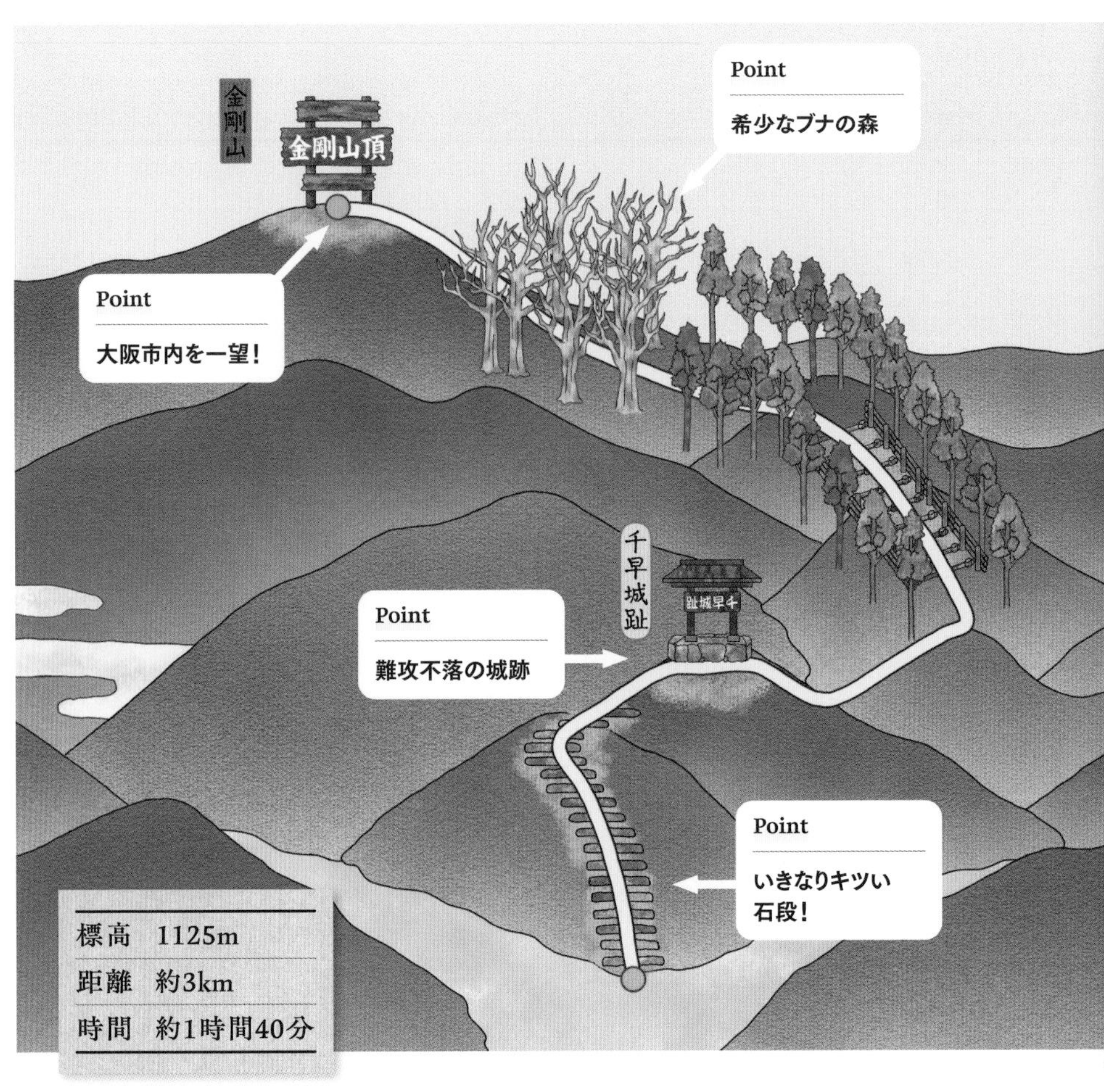

眺望の良さと歴史探訪が楽しめ四季を問わず関西で屈指の人気

大阪府の南東部、奈良との境にのびる金剛葛城山系の主峰。大阪市内から車なら1時間程度でアクセスできる人気の山だ。山頂は奈良県にあり、立ち入り禁止の神域のため、近くの広場が山頂扱いとなる。途中の1053mは大阪府最高地点。毎日登山の山としても知られ、山頂でカードを購入すればスタンプを捺してくれる。一般的な登山ルートは10近く設定されていて、初級から上級までレベルに合わせた登山が楽しめる。今回は楠木正成ゆかりの史跡が点在する千早本道コースを行く。歴史に思いを馳せつつ、健脚者たちとの交流も魅力のひとつだ。

登山口～二合目

希代の戦略家が険しい道を逆手に取った歴史の舞台へ

「じゃ、行ってきます」と類さんがネオン街へと消えていくのは、酒場放浪ではお馴染みのシーン。しかし今回はそのままバスに乗り込み山を目指す。往年の吉田類ファンからしてみれば肩すかしだが、低山ロケでは比較的よくあること。近鉄富田林駅から登山口がある大阪唯一の村・千早赤阪村へ、類さんを乗せたバスは進む。

約30分のバスの旅を終え、金剛山登山口バス停に降り立つ。ここが大都市大阪の中心街からわずかな距離とは思えないひなびた風情が漂う。身支度を整え登山口へ向かうと、のけぞるような石段が遥か先へと続いている。「なんかすごいね！　この階段。いきなり！」。階段登りを得意とする類さんも武者震いするほどの急斜面。実は今回のコースは、最初の急登が最も難所。この峻険な地形は、近くを走る断層・中央構造線の隆起に由来する。「ハードかもしれませんが行きましょう！」。

スギやヒノキが混在する森の中に続く約560段の石段を登ることおよそ20分。開けた場所に着いた。「着いたんちゃいます？　頂上ちゃいます？」と登山は中学生以来という同行者は早くも息絶え絶え。もちろんここは頂上ではなく、わずか二合目付近。目の前の広場は鎌倉末期の武将・楠木正成が築いた千早城の跡だ。今は静けさが漂う城跡ながら、ここを舞台に行われた戦が日本史の転換点となる。

登山口の石段前でポーズを取る類さん

Column

十万の軍勢をわずか千人で防いだ千早城

後醍醐天皇の忠臣として知られる楠木正成。1332（元弘2）年、鎌倉幕府が正成討伐のため10万もの兵を集め、千早城を攻め立てた。わずか1000人の正成軍は、金剛山の峻険な地形を利用し、岩を落とし、油を流して火をつけるなど奇策を展開し退けた。幕府が攻略に手間取っている間に、新田義貞軍により鎌倉幕府は滅亡した。

千早神社の参道でもある千早本道コース

二合目～八合目

登山客との交流を楽しみつつブナの森を進む

千早城趾のすぐ脇にある断崖をのぞき込む。楠木正成軍はここから岩などを落とし、鎌倉幕府の大軍を蹴散らした。「こんなところから攻められたら、たまらないですね！」と感心する同行者に、類さんも大きくうなずく。

幸いにして岩は落とされないが、急な石段に苦戦するのは現代も同じ。いつしか石段の上を、落ち葉が絨毯のように美しく覆い、疲労を和らげる。その柔らかな感触を味わうように、歩を進めていく。

千早神社を過ぎ、カーブの先にある東屋で小休憩をとることに。そこには先客のグループがくつろいでいた。

その先客に類さんが話しかける。「もう登ってきたのですか？　今から下山？」。やや間を置いて、「We came from Hong Kong. I can't speak Japanese.（香港から来ました。日本語はしゃべれません）」。なんと香港からの観光客だ。

しかしなぜ、ここにやってきたのだろうか。そこで類さんが英語で問う。「How do you know here?（どうやってここを知りましたか？）」。「It's famous mountain in Japan.（日本で有名な山だから）」。金剛山は香港では富士山の次に有名らしい。大阪市内からアクセスが良く、日本の自然が満喫できるのが魅力なのだろう。

さらに進むと次々に登山客とすれ違う。なかには犬を連れて登るカップルの姿もあり、類さんは目を細める。「犬も楽しくてしょうがないんだろうね」。

別コースとの合流地点から、丸太で

千早城趾に続く階段は急ながらしっかり整備されている

Column

千早神社は“落ちない”御利益あり！

今回の登山ルートから少しそれた標高634mの地点にある千早神社。千早城が築城された際、その本丸に鎮守として八幡大菩薩を祀って創建された。楠木正成も合祀され、通称「楠公さん」と呼ばれる。難攻不落の“落ちない”千早城にあやかり、受験や選挙に御利益があると、現在でもパワースポットとして崇められている。

山頂付近の展望台からは梅田のビル群や六甲山まで望める

組まれた階段のなだらかな登りが、山頂までのびる。これは地元ボランティアが子どもでも登りやすい高さに造っているという。「これまでの登山道のなかでもトップクラスに整備されています」と類さん。この配慮もまた人気の秘密。「初心者の私には助かります！」と同行者も息を吹き返す。
今度はハイペースで登ってきた男性に追いつかれた。「ほとんど毎日登っています」と語る男性は、見るからに類さんよりもご年配。「毎日⁉」。そのバイタリティに絶句するしかなかった。

Column

賑わう金剛山は修験道の祖が修行した山

金剛山は修験道の祖・役小角（役行者）が、約1300年前に修行した信仰の山。全国の山伏行者が訪れていた。今は登山客で賑わうが明治時代まで女人禁制だった。山頂近くにある転法輪寺は役小角が開いたとされる古刹。また現在も千早本道には、13の石仏が各所に並び、それぞれに記された真言を唱えつつ登る修行が行われる。

八合目～山頂

石仏が導くブナ林と市民が憩う大阪一望の頂

八合目まで来ると、野鳥のさえずりが響き、周囲にはブナの原生林が広がる。都会のすぐ近くにある貴重な自然に「ここは超オススメ！」と類さんも太鼓判を押す。

急登を越え、山頂手前の広場に出た。

山頂近くの広場に掲げられた毎日登山登頂者の名前が載った看板

そこには毎日登山で登った人を、回数別で掲示している看板が立つ。なかには1万5千回以上登頂した人も。

早速捺印所で記念すべき1回目のスタンプを捺してもらう類さん。「これを励みにしていかないと」。

捺印所から山頂の展望台へ向かう。そこには、類さんの登頂を聞きつけていた多くの登山グループが待ち構えていた。一見すると、長年の山仲間のようだが、ほとんどがこの山で出会い、友達になった人ばかりだという。

類さんが初登頂ということで、そのうちの一人が「おめでたいやん！ みんなで拍手や！」と音頭を取って拍手喝采。〝大阪のオバチャン、オッチャン〟とのおしゃべりは終わりそうにない。大阪の展望をじっくり楽しむのは、もう少し時間がかかりそうな気配だ。

Column

金剛山独自のシステムが人気の毎日登山

毎日登山が盛んな山は各地にあるが、登山回数を記録する独自のシステムで人気なのが金剛山。山頂近くにある売店か捺印所でスタンプカード（400円）を購入し、登頂の度にスタンプを捺してもらう。初回は青バッジが進呈され、5回は赤、10回は銀、50回は黒、100回は金と回数を追うごとに、異なる色のバッジが進呈される。

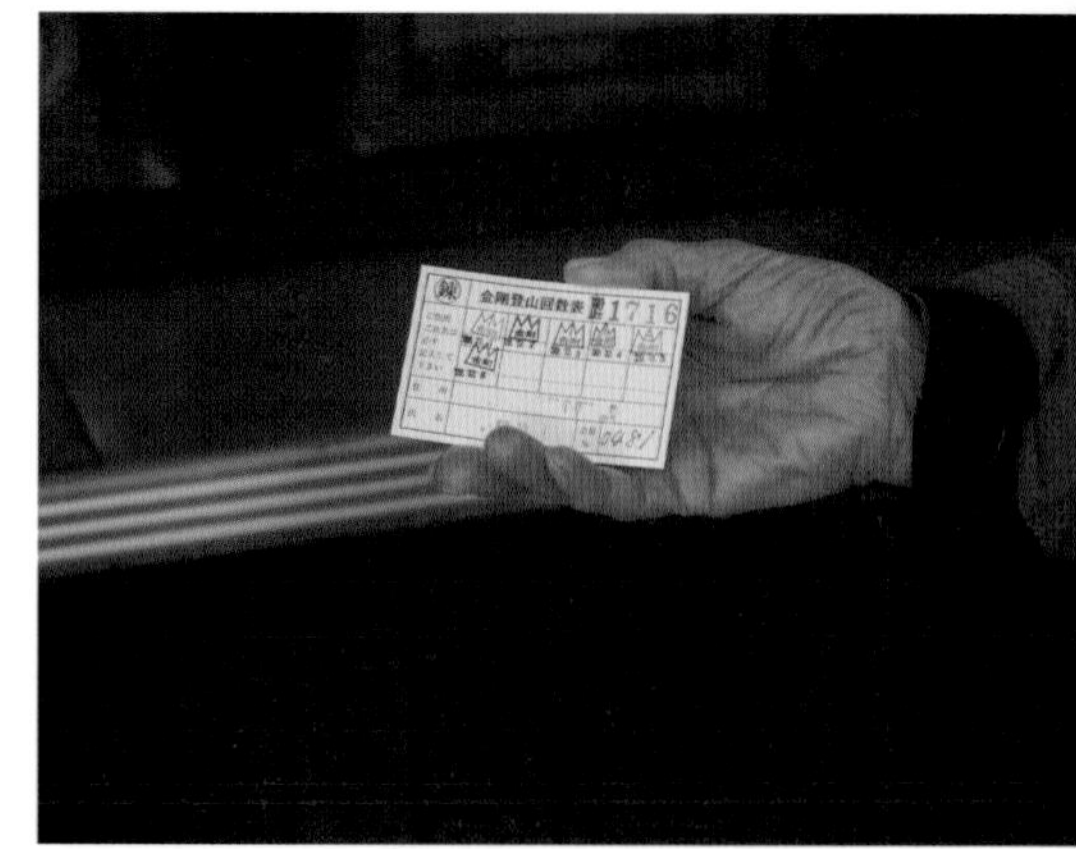

捺印所で手に入れることができるスタンプカード

類さんの一句

金剛へ
枯葉踏むおと
数珠のおと

枯葉＝冬の季語。
句意：千早城址に散った紅葉の枯葉などが句作のヒント。一足ごとの涸（か）れた靴音と乾いた数珠の音を並列、リフレインで語調を整えた。数珠は修験者、登山者の祈禱にかけている。

八合目付近の整備が行き届いたブナ林の枯葉の道を進む類さん

金剛山へのアクセス

千早本道の登山口へは、公共交通機関の場合、近鉄富田林駅からバス「金剛山登山口」行き、または「金剛山ロープウエイ」行きに乗車、「金剛山登山口」バス停下車。

車の場合、美原東ICを降り、府道32号を美原方面へ。途中、国道309号、府道705号を経由し現地へ。有料駐車場あり。

山頂ショット

山全体に人の手が入っていて、しっかりと守られていることが分かりました。それだけ地元の人の、この山に対する愛情を感じました。そして山が社交場になっていることも素晴らしいですね。

下山の後のお楽しみ
〜窯焼きピザ〜

千早赤阪村で採れた野菜をふんだんにトッピングした窯焼きピザ。クリスピーで香ばしい生地と素朴な味わいの野菜で、シンプルながら飽きが来ない。これに合わせるのは金剛山系の湧き水と近くの棚田米で醸したクラフトビール『金剛山ビール』。柔らかでほのかな甘みが広がり、後味はすっきりでキレが良い。爽やかな酔いで登山の疲れを癒やしてくれる。

店舗名	もぐらの寝床
住所	大阪府南河内郡千早赤阪村千早980

奈良県

龍王山

謎の古墳群と火の玉伝説

古代史の舞台となった大和の国の奈良盆地。日本最古の官道の近くにそびえる龍王山には、多くの古墳が点在し、古代人にとって神聖な山だった。そしてうなりを上げて飛び交う火の玉の伝説も残る。なぜこの山が神聖でありながら、不気味な伝承が残るのか。謎に思いを巡らす歴史トレッキングへ。

標高	586m
距離	約10km
時間	約4時間

龍王山
龍王社
Point 山城の火の玉伝説
不動明王
龍王山古墳群
Point 1000基を超える謎の古墳群
Point 日本最古の道歩き
石上神宮
衾田陵
崇神天皇陵

古道と古墳を巡るハイキングも人気 歴史の舞台見渡す大和盆地最高峰

奈良盆地の東側にあり、麓には日本最古の官道・山の辺の道がのびる。山の辺の道は奈良市と桜井市を結び、ハイキングコースとして整備されている。龍王山へは3つのルートがあるが、今回は石上神宮を起点として、山の辺の道を南下し、のどかな田園風景にある古墳・崇神天皇陵（行燈山古墳）から山頂を目指す。山中にある無数の古墳群のほか、戦国時代の山城にまつわる火の玉伝説も。ミステリースポットが目白押しのコースだ。

生活の中に古墳が点在する古道ハイキング

龍王山の南にある大神神社は、お酒の神様として酒造関係者からの信仰も篤い。類さんも同社には何度も訪れたが、今回はあくまで登山が目的。「(お酒ではなく)古代ロマンを味わいながら山歩きをします」と気合い十分。

出発地の石上神宮から続く道が〝山の辺の道〟と呼ばれる古道。『日本書紀』にも記され、奈良盆地東側の山の裾野を縫うようにのびる。

前半はこの道をハイキング気分で進む。田園風景を歩いていると、そこかしこに盛り上がった大小の森が見える。これらはほぼ全て古墳。一部は畑になっているが、立ち入りが禁じられ、自然林が生い茂るものもある。そのひとつが巨大な前方後円墳・衾田陵。森からは鳥のさえずりが響く。「(古墳が)自然林の守り神になっているのが面白いですね」と類さん。

ここより本格的な登山道になる。道は沢沿いにのび、スギ林へと変わる。そしてこの森の中でも、いくつもの小さな古墳と出合う。その数600基以上。古より〝魂の帰る山〟とされてきた龍王山。だからこそ火の玉伝説も生まれたのかもしれない。ただし常日頃から「ヘビは怖いけど、オバケは大丈夫」という類さんなら、火の玉など何の問題もなかろう。

登山道沿いに現れる小高い丘はほぼ全て古墳とされる

近畿

Column

1000基を超える!? 龍王山の古墳群

龍王山の麓にある大規模な古墳は3〜4世紀のものとされる。一方で山中にある古墳は、6〜7世紀に造られ、直径10〜20mの小規模なもの。見つかっていないものを含めると1000基はあるとされる。同時代の官僚でもあった万葉の歌人・柿本人麻呂が、ここに妻を葬った悲しみの歌もあり、ある程度地位の高い人物の墓とされている。

ここでみつけた

衾田陵
(西殿塚古墳)

全長約230mの前方後円墳。継体天皇の皇后、手白香皇女の墓とされる。

古墳群～山頂

麓を潤す龍神と〝じゃんじゃん火〟伝説残る頂の城跡

「外の世界と比べると、やっぱり異様ですよね」。特別な許可を得て古墳の石室に入った類さん。その雰囲気に、異界からの力を感じたのかもしれない。

気分を切り替え、歩を進める。道は険しくなり、息も上がる。「空が見えてきましたね」。類さんのその一言と同じタイミングで稜線に出た。山頂はもうすぐだ。

水の神様・龍神を祀る龍王社。山名の由来にもなっている

山頂直下に現れたのが、水がこんこんと湧く泉と小さな社。ここはかつて先人たちが雨乞いを行った聖地。祀られているのは水の神・龍神。実は龍王山は、大きな河川がない奈良盆地の貴重な水源として崇められてきたのだ。「水と古墳。聖なる山の象徴なんでしょうね、きっと」。

山頂への道標に従い進むと、道は石段となる。これは戦国時代に築かれた山城の跡。龍王山に伝わる、〝じゃんじゃん火〟の伝説は戦で亡くなった武将たちの無念の人魂ともいわれる。

類さんが山頂にある本丸跡に立つ。香具山（かぐやま）、畝傍山（うねびやま）、耳成山（みみなしやま）の大和三山をはじめ、奈良盆地の全容が手に取るように分かる。

「ここから（全てが）一望できちゃいますからね」。時の権力者たちが、この山を重視した理由が見えてきた類さん。この山には古代の人々が畏れ敬ってきた歴史が刻まれている。

ここでみえる

龍王山城

戦国武将の十市氏（とおちし）が山頂部分に築いた山城。東西1.2kmに及ぶ、大和地方を代表する山城である。

Column

恐怖の「じゃんじゃん火」伝説

十市氏の山城は難攻不落とされたものの、最後は戦で落城する。焼け落ちる城と共に命を絶たれた人たちの怨念が、火の玉となり現れるようになった。その後も、雨が降りそうな夏の夜、山から大きな火の玉がジャンジャンうなりを上げて飛んできて、村人を焼き尽くした。退治しようと名乗り出た武士はことごとく焼け死んだという。

類さんの一句

狐火や筆を止めたるあとの闇

狐火＝冬の季語。「じゃんじゃん火」を狐火に譬えた。
句意：書家である同行者が墨で描く「龍王山の山影とじゃんじゃん火」が句作モチーフ。和紙に描く水墨画風の絵。墨が滲んで闇を造る。筆の流れを止めた後にふと闇の空間が現れるのに似る。一拍の闇（余韻）の中に狐火、鬼火、じゃんじゃん火が浮ぶ。ちょっとシュールな一句。

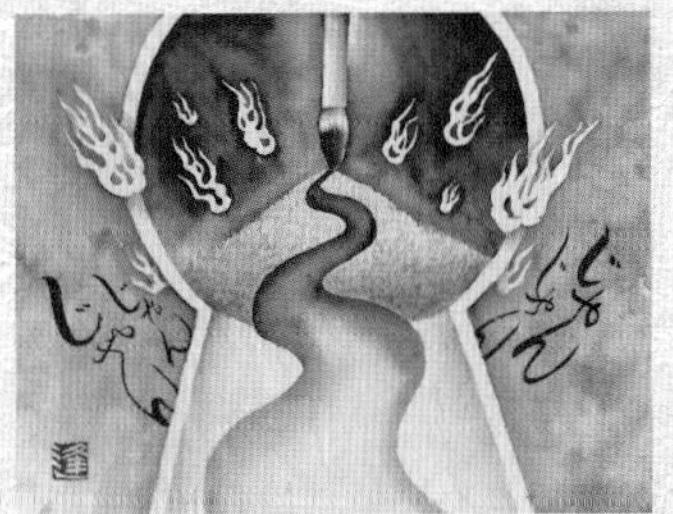

妖怪書家・逢香（おうか）さんが描くじゃんじゃん火の世界

龍王山へのアクセス

今回のスタート地点・石上神宮へは、公共交通機関の場合、各線天理駅から徒歩約30分。または、各線天理駅からコミュニティバス「東部線」に乗車、「石上神宮前」バス停下車。

車の場合、大阪、名古屋方面からは天理東IC、京都方面からは木津ICが最寄り。同神宮に無料駐車場あり。

類'sインプレッション

異世界への入り口が
至るところにあって、
簡単に古墳時代や戦国時代に
戻ってしまえるような山でした。
現代まで繋がっている
歴史の深さを感じられる、
いかにも奈良らしい登山が
楽しめました。

下山の後のお楽しみ 〜にゅうめん〜

三輪（みわ）素麺の名で知られ、手延べそうめん発祥の地とされる桜井市。そのルーツは1300余年前から伝わる大神（おおみわ）神社の伝説に遡る。その大神神社の二の鳥居に近いこちらでは、温かいにゅうめんが一年を通して味わえる。麺は歯応えがあり喉ごしが良く、地元産の醤油で調えたつゆは優しい味。冷やしそうめんや珍しい釜揚げも提供している。

店舗名	そうめん處 森正
住所	奈良県桜井市三輪535
TEL	0744-43-7411

近畿

兵庫県

六甲山最高峰

銘酒育む港町のシンボル

ハイカラな港町・神戸の背後にそびえる六甲山。古くから有馬温泉へ抜ける人の往来があったが、レジャー登山が始まったのは、日本ではここが最初。実は酒どころ・灘が生まれたのも六甲山のおかげ。自然と大都市が同居する類いまれな山。

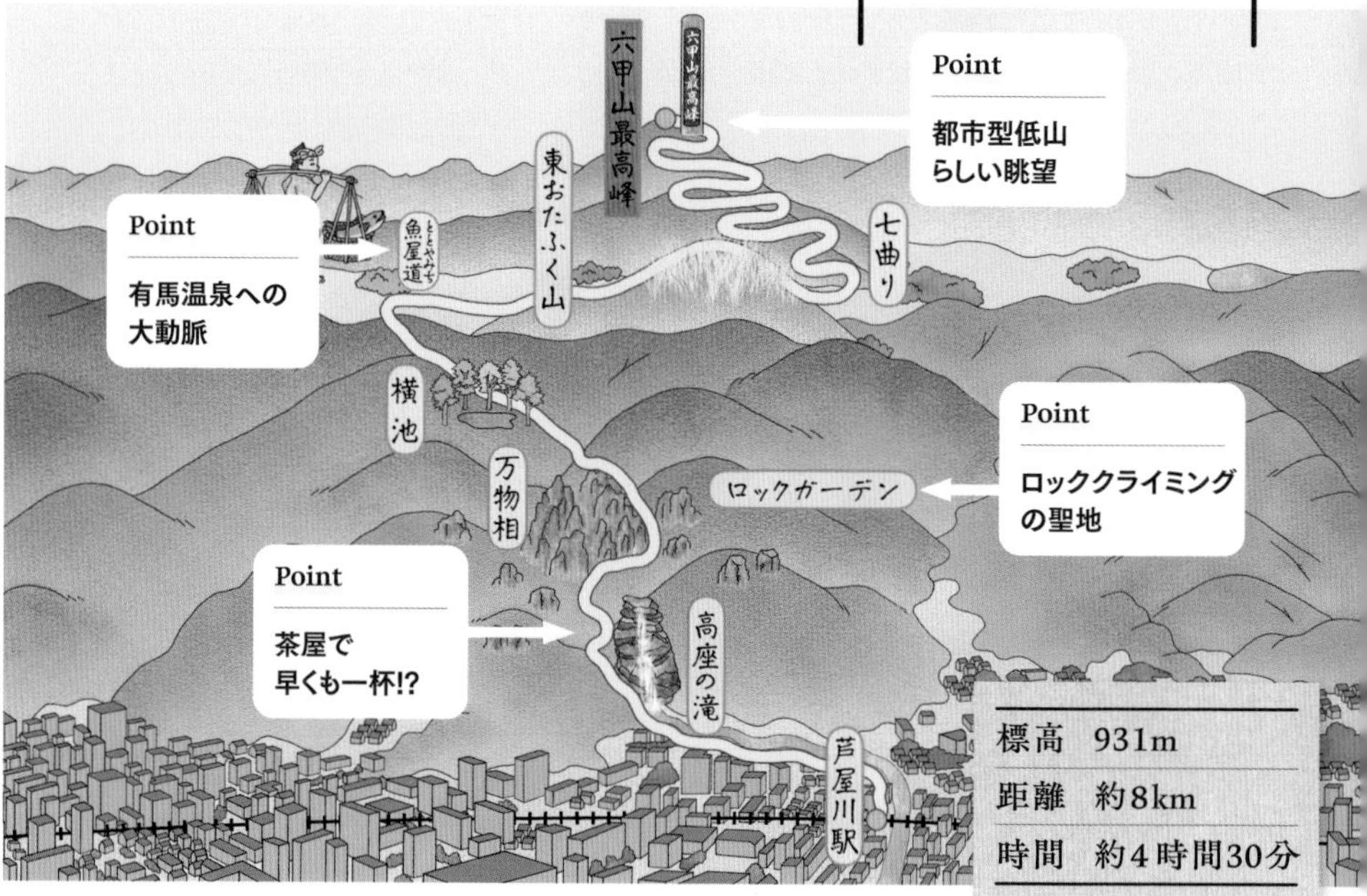

標高	931m
距離	約8km
時間	約4時間30分

アクセス容易で関西屈指の人気本格登山の登竜門として最適

神戸市から宝塚市まで東西およそ30kmに及ぶ山塊の総称が六甲山。大小それぞれのピークに異なる山名があり、最高地点を六甲山最高峰と呼ぶ。数多くの登山口があり、その多くは鉄道駅から徒歩圏内のアクセスの良さ。岩場や沢もあり、ここでトレーニングして日本アルプスへ挑戦する人も多い。今回は名湯・有馬温泉を目指し、近代登山発祥のスポットと江戸から続く歴史的往還を行く。

芦屋川駅〜横池

高級住宅街から岩場へとギャップある変化

高級住宅街・芦屋が今回のスタート。降り立った駅のすぐ横には、芦屋川の美しい流れ。「このあたりは灘の酒蔵がたくさんあるんですよ」と川からお酒を連想する類さん。

瀟洒な住宅街を、ザックを背負って歩く。これもまた六甲山ならではのシュールな光景。ただし住宅街を抜けると、急に緑が増し森に包まれる。

〝ロックガーデン〟と掲げられたゲートの下にある茶屋から出汁の香りが漂う。反射的に立ち寄り、おでんに舌鼓を打つ類さん。店主曰く「花崗岩の岩山があるのです。古くからそこが〝ロックガーデン〟と呼ばれてます」。

茶屋の近くにある高座の滝から様相が変わり、険しい登りへ。噂に聞いたもろい岩が露出し、緊張が走る。この一帯がロックガーデン。大正時代、岩登りを楽しむ外国人に影響を受け、日本で初めてロッククライミングが行われた場所だ。

またこの花崗岩に雨水がしみこむことで、お酒造りに適した水になるというのも面白い。

開けた場所に出ると、眼下に広がる神戸の街並み。「深い山では見られない、六甲山独特の景色ですね」。類さんもこの山の魅力に、徐々に取り憑かれつつあるようだ。

ロックガーデン屈指の絶景スポット「万物相」

ここでみつけた

高座の滝

滝の横には日本初のロッククライミングクラブの創始者・藤木九三のレリーフがある。

Column

居留地の外国人らが楽しむ山登りを教えた!?

江戸時代まで日本人の山登りは、宗教的な意味合いが濃かった。ところが開国後、神戸に居留する外国人たちが、身近な六甲山でレジャーとして“楽しむ登山”を行った。それに刺激を受けた日本人によって、レジャー登山が定着した。ロックガーデンも当時ヨーロッパ最先端のレジャー、ロッククライミングのゲレンデとして開拓された。

横池〜山頂

先人の苦労が浮かぶ古道に山の深さを知る

ロックガーデンからの道はなだらか。途中、森の中に現れる横池に映る紅葉にも目を奪われる。「こんなに変化に富んでいるとは思わなかったな」。類さんも六甲山の奥深さに感じ入っているようだ。

標高440mの森の中にある横池。雄池と雌池とふたつある

「すごく快適ですね」と思わず漏れるくらい、歩きやすい道が続く。この道は、江戸時代から使われていた〝魚屋（ととや）道（みち）〟と呼ばれる往還。神戸の魚を奥座敷の有馬温泉へ人力で運んだ。と当時に思いを馳せるのもつかの間、転じて道は激しいアップダウンとなる。「これは苦労して運んだんだね」。類さんも先人の体力に思わず脱帽だ。

魚屋道から寄り道して、見晴らしのいい草原が広がる東おたふく山へ。「六甲山はおせち料理みたいって誰かが言ってたけど、まさにその通り」。次々と異なる表情を見せる六甲山に驚くばかりだ。

再び魚屋道へと戻り、最大の難所・七曲りに挑む。つづら折りの急登に顔もゆがむ。そしてかつての魚屋が一息ついたといわれる茶屋に辿り着けば、山頂は近い。

それを示すモニュメントを発見し、同行者と拍手で喜ぶも、真の山頂はもう少し先。そこに広がっていたのは360度のパノラマ。南は大阪湾を囲む大都会、北は丹波（たんば）の山々が連なる。「いやあ、すごいわ」。類さんのこの一言に、六甲山の全てが凝縮されている。

Column

グルメな湯治客をもてなすための往還

魚屋道は江戸時代初期からあったといわれる。当時から湯治客で賑わう有馬温泉と神戸の浜のおよそ12kmを繋ぎ、揚がった魚を天秤棒で担いで運んだという。健脚者なら約4時間で踏破した。六甲山にはほかにも、石を運んだ石切道、西国街道のバイパスを目指した徳川道、氷を運んだアイスロードなど歴史にまつわる道がのびている。

六甲山最高峰のひとつ手前のピーク、東おたふく山（標高697m）

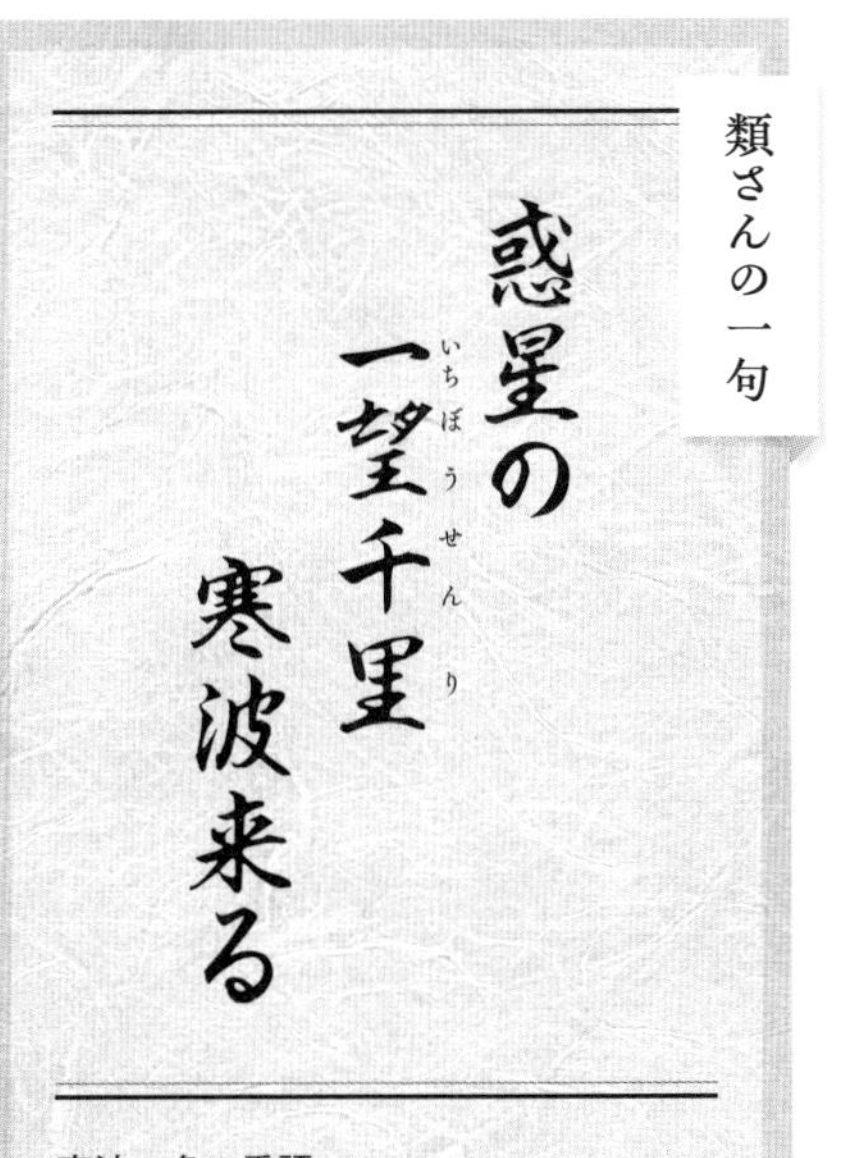

寒波＝冬の季語。
一望千里＝最高峰から大阪の街、丹後の山並み、瀬戸内と360度の眺望（一望）が奇跡的に得られた。まるで惑星（地球）の一部を眺めるSF映画のようなスケール感を詠んだ。

360度の眺望が開ける六甲山最高峰山頂

六甲山最高峰へのアクセス

登山口である阪急芦屋川駅へは、電車が便利。ロックガーデン入り口までは徒歩約30分。ロックガーデン入り口周辺には駐車場がないので、車の場合は駅周辺のコインパーキングを利用。

六甲山は憧れの山でした。
変化に富んだ表情と
山頂からの絶景を見て、
日本列島がこれほど豊かな山を
持っていることに驚きました。
レジャー登山をはじめとした
近代史が凝縮されている山ですね。

下山の後のお楽しみ ～鯖(さば)の小袖寿司～

握り寿司とは異なり、型に入れ押してつくる押し寿司は、“大阪寿司”ともいわれ寿司の原型ともいわれる。こちらでは大阪で修業した店主が、脂がのった鯖を小振りの押し寿司“小袖寿司”にして提供し、有馬名産の山椒をピリッと効かせた。泉酒造が醸す灘の酒『琥泉 純米吟醸無濾過生酒原酒』も、辛口でフレッシュな旨みが心地よい。

店舗名	有馬　禅寿司
住所	兵庫県神戸市北区有馬町818
TEL	078-940-4561

近畿

エリア　五

中国・四国

広島県

弥山

神が宿る世界遺産の島の頂

日本三景で知られる安芸の宮島。嚴島神社の背後にそびえるのが弥山。森へと分け入れば、古代から守られてきた原生林が広がる。そこに現れるのは、石仏や岩窟、人知の及ばない巨石群、そして弘法大師ゆかりのスポットの数々。島全体が篤い信仰を受けてきた聖地だということを実感する。世界から人が集まる人気観光地の姿からは、うかがい知れない新たなる発見を求めて。

 目と鼻の先に弥山山頂を望む駒ヶ林山頂を歩く

標高	535m
距離	約4km
時間	約2時間30分

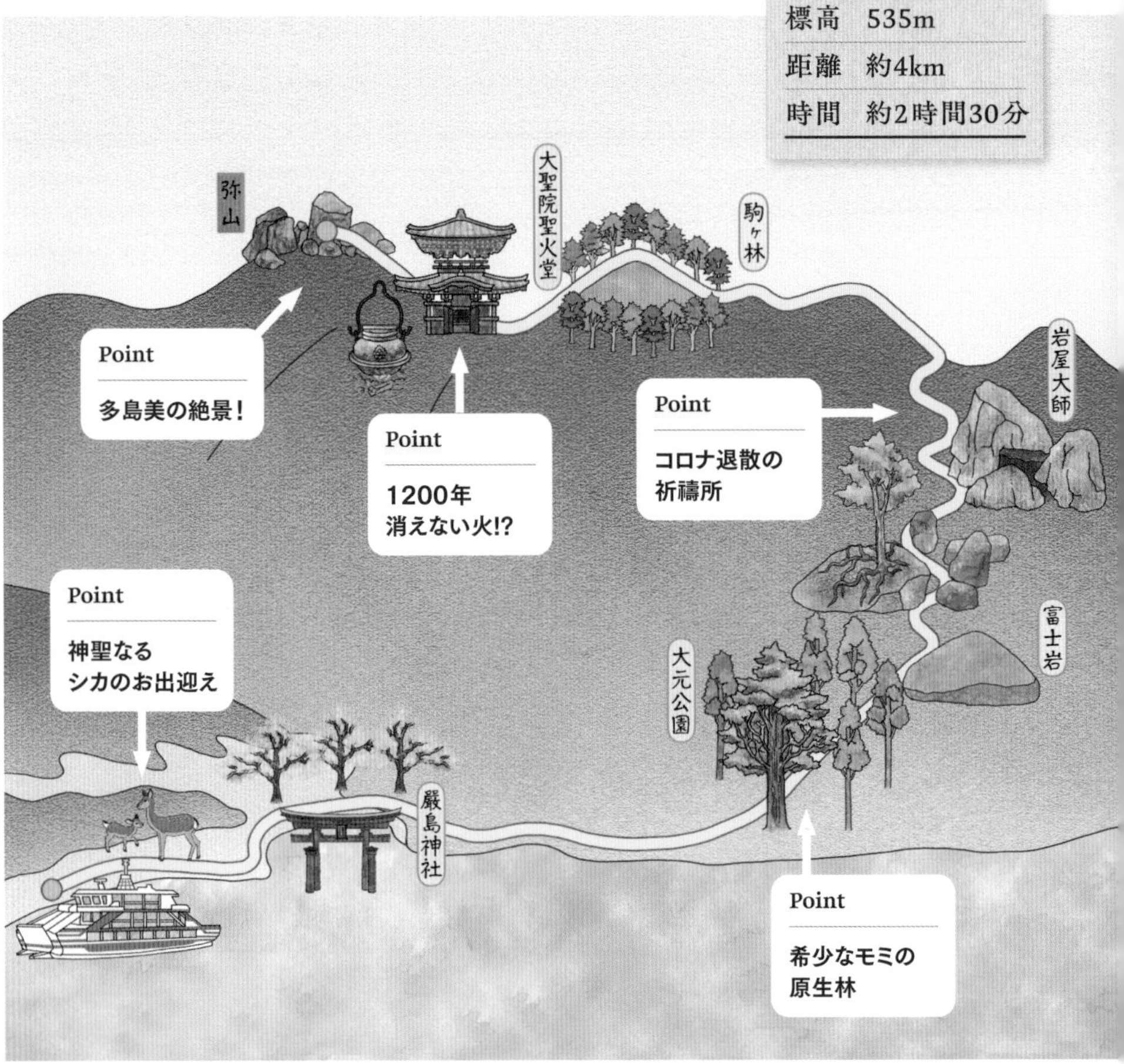

弥山
大聖院聖火堂
駒ヶ林
岩屋大師
富士岩
大元公園
嚴島神社

Point
多島美の絶景！

Point
1200年
消えない火!?

Point
コロナ退散の
祈禱所

Point
神聖なる
シカのお出迎え

Point
希少なモミの
原生林

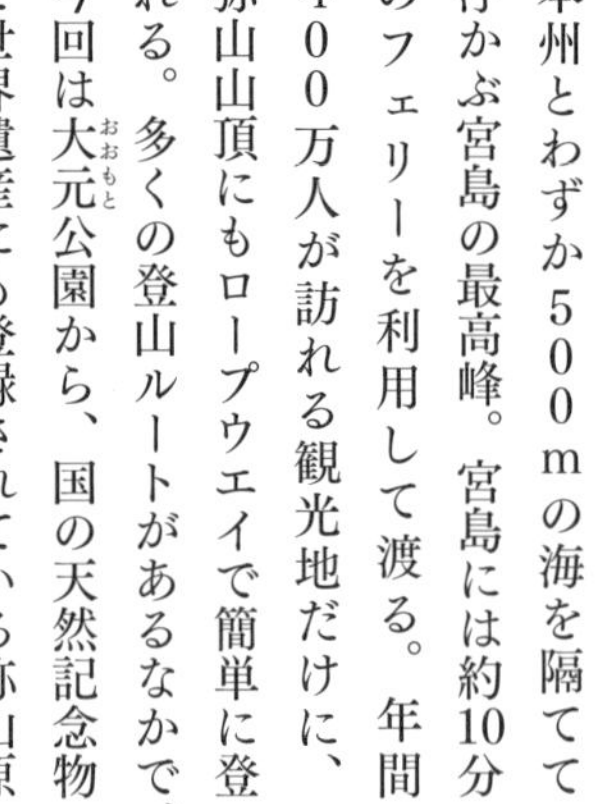

自然と歴史文化の両面を満喫できる世界遺産の山

本州とわずか500mの海を隔てて浮かぶ宮島の最高峰。宮島には約10分のフェリーを利用して渡る。年間400万人が訪れる観光地だけに、弥山山頂にもロープウエイで簡単に登れる。多くの登山ルートがあるなかで、今回は大元（おおもと）公園から、国の天然記念物で世界遺産にも登録されている弥山原生林の近くを抜け、山頂を目指す。嚴島神社に注目しがちだが、希少な自然の中に現れる神秘的なスポットを辿り、知られざる島の魅力を見つけていく。

観音様が寝ている姿にたとえられる宮島の山々

“富士岩”と呼ばれる高さ8m、幅20mある巨岩から恐る恐る眼下を望む

宮島桟橋～岩屋大師

華やかな観光地を尻目に静かなる原始の森へ

フェリーのデッキから、島そのものがご神体とされる宮島を眺める。稜線が独特のラインを描く。弥山を頂とするこの稜線の起伏が観音様の寝姿〝寝観音〟に見えることも信仰を集める理由のひとつだ。

「あっという間に登れるかもしれませんね」。登山前はいつも強気な発言をしがちな類さんだが、その自信は今回どこまで保てるのやら。

観光客で賑わう嚴島神社を横目に、今回の登山口である大元公園に着く。桜が咲き誇るその間からシカがこちらを静かにうかがう。その愛らしい姿を目で追いながら奥へと進んでいく。「見事なモミの林。すごいですね！」。いつしか森は、樹齢数百年といわれるモミの大木が立ち並ぶ、鬱蒼とした原生林へ変化した。

〝起点石〟と呼ばれる江戸時代の道標から、徐々に登山道らしくなり斜度が増す。「あっ見て見て！」と同行者が指さす巨岩の元に、弘法大師に見える石像が鎮座する。その後も道沿いには次から次へと巨岩が現れる。実は宮島は島全体が花崗岩の塊で成り立っている。

「山全体がご神体というのが、なんとなく分かってきましたね」。

洞窟が口を開けた一際大きな巨岩には、弘法大師が修行したという伝説が残る。古より続く修験場・岩屋大師だ。最近もコロナ終息を願い、ここで僧侶が祈りを捧げた。類さんも彼らに倣って手を合わせた。

ここでみつけた

モミの原生林

冷涼な気候を好むモミが、大元公園のような温暖な海岸線近くに自生するのは珍しい。

Column

観光客を出迎える神の使い・シカ

宮島に上陸すると必ず出会うシカ。島内には約500頭のニホンジカが生息しているといわれている。800年以上前に宮島を訪れた西行法師も、文書でシカのことに触れており、江戸時代の図絵にも登場する。神の使いとされ島民から大切に扱われてきたが、基本的には野生動物として扱われ、触れたり、餌を与えることは禁止されている。

岩屋大師～山頂

圧巻の多島美と悠久の炎に無病息災と平和を願う

岩屋大師を過ぎると、登山道に日が射し始め尾根道に出た。ここで少しコースを外れて、弥山の手前のピーク・駒ヶ林山頂に向かう。

「気持ちいい！」と声を上げるほど、見晴らしは最高だ。ただしここは、花崗岩の一枚岩がむき出しのスリリングな岩場。休憩もそこそこに、弥山に続くコースへ戻る。

尾根を一旦下り、再び登りとなり、大聖院の荘厳な仁王門をくぐる。「最後のひと踏ん張りって感じですかね」と気合いを入れる類さん。

境内の霊火堂に立ち寄り、1200年前から燃やし続ける〝消えずの火〟で沸かした湯をいただく。「あ、美味しいですね」。ホットコーヒーに氷を入れるほど猫舌の類さんにも最適な湯加減とは、まさに無病息災の霊験あらたかといったところか。

山頂が近づくにつれ、行く手を阻むように巨岩が折り重なる。「これはやっぱり神様が置いたのじゃないですか」。神様のいたずらなのか、山頂の碑は、巨岩で見落とすほど控えめに立っていた。

眺望を楽しむべく近くの展望台へ駆け上がる。そこは空を飛んでいるような高度感で、瀬戸内海の多島美が一望できた。

「いやぁ美しい。こんなにのどかで平和な風景があるとは」。それが続くことを祈るように、類さんはいつまでも風景を眺めていた。

古い町石が残る森の中を歩いて行く

Column

1200年も守り続けられてきた炎

宮島にある寺院で最も古い歴史があるといわれる大本山大聖院(だいしょういん)。同院の霊火堂には、806（大同元）年に弘法大師が修行の際に焚いた護摩の火が、1200年間燃え続けている“消えずの火”がある。この火には大茶釜が吊るされ、その釜の湯を飲むと無病息災のご利益があるとされる。ちなみに広島市の平和記念公園の平和の灯もここから採火されている。

迫力ある巨岩が立ち並ぶ山頂。山頂の碑は目立たない

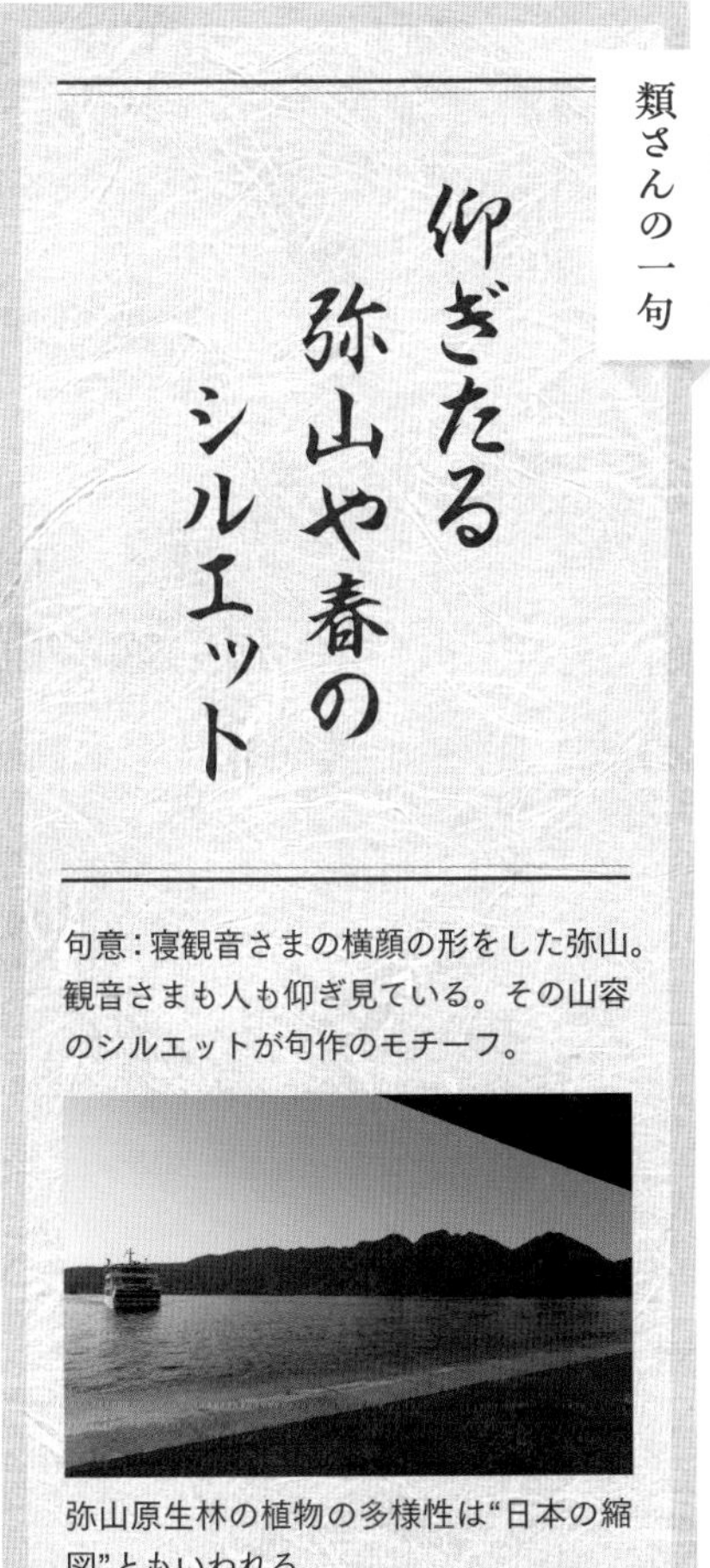

類さんの一句

仰ぎたる 弥山や春の シルエット

句意：寝観音さまの横顔の形をした弥山。観音さまも人も仰ぎ見ている。その山容のシルエットが句作のモチーフ。

弥山原生林の植物の多様性は“日本の縮図”ともいわれる

弥山へのアクセス

登山口の大元公園がある宮島へは、公共交通機関のフェリーを使う。本州側の乗り場へはJR宮島口駅、または広島電鉄「広電宮島口」電停で下車。周辺には有料駐車場もある。

山頂ショット

やはり登ってみないと分からないことがたくさんありました。まさに“神の座”と思える巨岩の山頂に、一輪を添えるように桜が咲いていた。そしてその背景には、美しい瀬戸内海が広がっているのが印象的でした。

下山の後のお楽しみ ～カキ料理～

カキ生産量日本一を誇る広島県。なかでも宮島で養殖されるカキは特に有名。こちらでは、宮島を眺めながら、自社で生産水揚げした新鮮なカキを、お客自ら炭火で焼くセルフ方式で提供する。特に春になると、身が大きくなり食べ応えも十分。ふっくら柔らかで濃厚な味わいが広がる。地酒『賀茂鶴』の辛口な味わいとの相性もぴったり。

店舗名	島田水産
住所	広島県廿日市市宮島口西1-2-6
TEL	0829-30-6356

香川県

象頭山

〝こんぴらさん〟の先にある大展望

参拝客が絶えない金刀比羅宮を有し、なだらかな山容が特徴的な姿を見せる象頭山。有名な参道の石段に苦戦しながら本宮の先まで登っていく。神域に残された森と再生しつつある新たな森を経て、山頂を目指す。そこには讃岐平野と瀬戸内海の大展望が待っている。

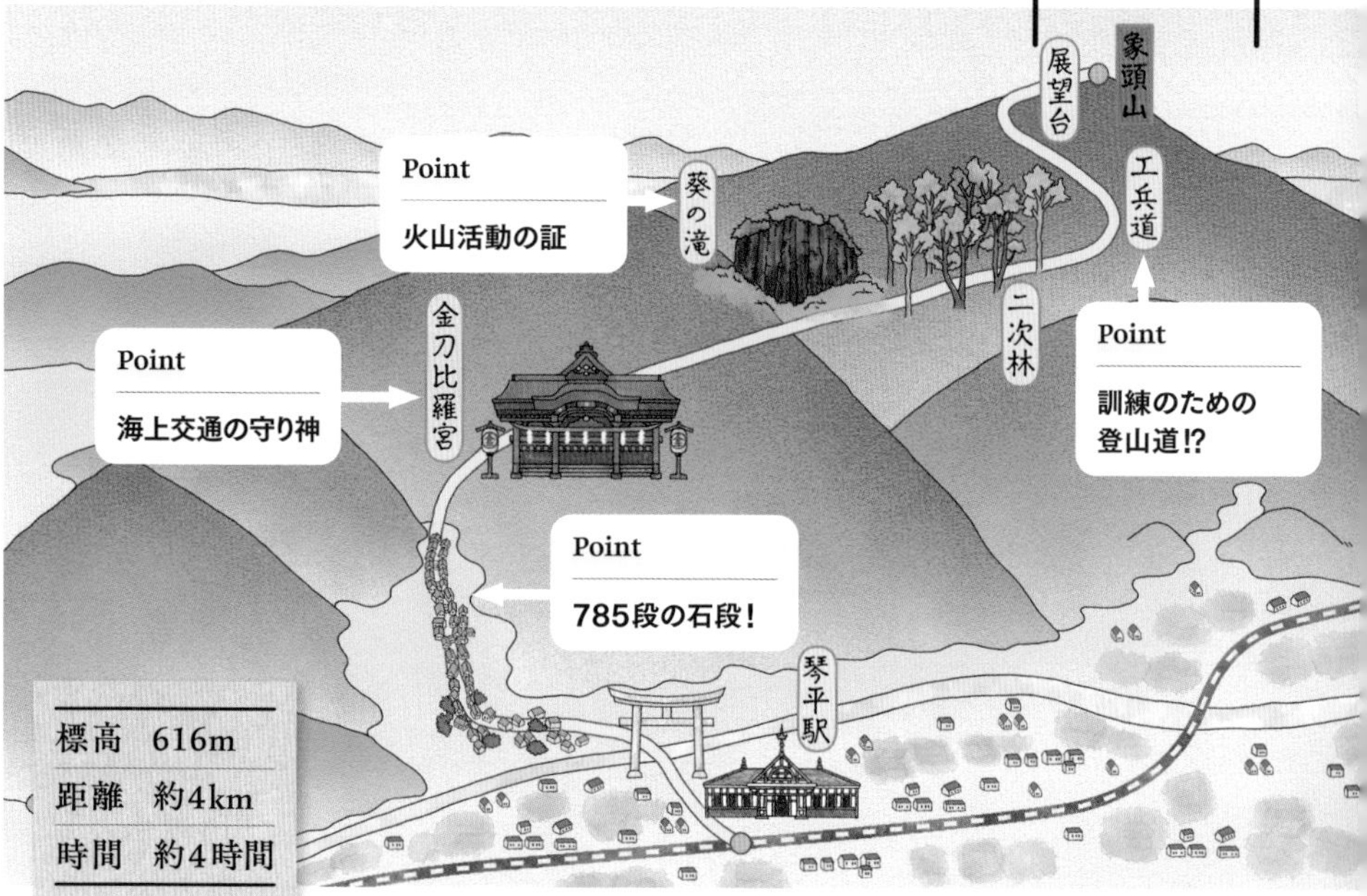

象頭山
展望台
工兵道
二次林
葵の滝
金刀比羅宮
琴平駅

Point
火山活動の証

Point
海上交通の守り神

Point
訓練のための登山道!?

Point
785段の石段！

標高	616m
距離	約4km
時間	約4時間

石段の先にある知られざる自然をこんぴら参りも兼ねて楽しめる

象が寝そべった形からその名が付いた象頭山。実は２つのピークがあり、南側が象頭山（５２１ｍ）、北側が大麻山（６１６ｍ）となり、この山塊全体を象頭山として国立公園に指定されている。今回は大麻山山頂を目指すコース。登山口は金刀比羅宮の参道。本宮までは７８５段の石段が続く。本宮から先もさらに石段。その後自然林の中を歩き、この山の地形の成り立ちと、麓の人々との関わりを知る歴史に触れていく。

登山口〜金刀比羅宮本宮

歴史風情漂う石段の参道を登り、金刀比羅宮に参拝

金刀比羅宮本宮からも讃岐平野を望むことができる

金刀比羅宮参道の入口から続く、標高差150m以上ある石段はあまりにも有名。「これが一段目ということで、二、三、四…」。それを数えながら登り始めた類さん。「数えて行くんですか⁉」と同行者もなかばあきれたように驚く。案の定、途中でカウントは中断されたものの、階段登りを得意とする類さんの足取りは軽い。参拝客の姿もまばらな中をウォーミングアップのごとく、着実に高度を上げていく。

365段目にあるのが大門。ここから境内となり、襟を正したくなる厳粛な雰囲気が漂い出す。それでも「たいしたモン（門）だ」と類さんのいつもの駄洒落は健在だ。

「785！」。石段を登りきった場所に金刀比羅宮本宮がある。実はこれまでの石段は786段あるのだが、〝なやむ〟と縁起が悪いことから、一段下げて785段にした逸話が残る。

農業、医薬、商売など広く功徳を持つとされ、江戸時代には伊勢神宮と並ぶ人気を集めた金刀比羅宮。特に海上守護の神として、海で働く人々からの信仰は、今も篤い。それは瀬戸内海を航行する船から、この山がよく見えることに起因する。「せっかくなのでお参りしましょう」と、さすがの類さんも神妙に手を合わせた。

石段の先にあるのは応接の場に使われた客殿・表書院

Column

奉納品から分かる船乗りたちの信仰心

金刀比羅宮の創建は定かではないが900年以上前からあったとされている。祀られている大物主神（おおものぬしのかみ）は海上守護の神として崇敬されてきた。海に御神酒や賽銭を入れた樽を流し奉納する「流し樽」は、この地域の独特の風習。この流し樽をはじめ、本宮では船を描いた絵馬をはじめ、フェリーや漁船の写真などの奉納品を見ることができる。

金刀比羅宮本宮～山頂

神域から山の成り立ちを知る本格トレッキングへ

境内から奥へ進むと、これまでとは打って変わって自然の森となる。幹回り3mを超える巨木もあり「完全に聖域ですよね」と類さんも改めて森を見上げる。歴史を振り返ると、本宮周辺の森は江戸時代には伐採禁止令が出るほど、大切に守られてきたという。

石段は森の中を奥社まで続いている。1368段目の奥社に着くと、ここから先は本格的な登山道がのびる。金刀比羅宮には何度も来た類さんにとってもこの先は未知の領域だ。

しばらくすると森が開け、断崖に水が細くしたたる葵の滝が現れる。この断崖は火山活動によって生まれ、象頭山全体が溶岩によって形成されていることを示している。

「（さっきまであった）見上げるような木がないですよね」。類さんが森の変化に気付く。実は本宮から離れた森は、伐採禁止令を免れ、燃料として伐採された過去があった。

分岐を折れると道は急激に斜度を増し、類さんも息絶え絶えに。この道は〝工兵道〟と呼ばれ、かつて麓にあった旧陸軍師団が訓練のために開いた。「だからキツいんだ！」。

象頭山最大の難関を越え、尾根に出る。広々とした緩やかな道を辿れば山頂だ。「この位置から瀬戸大橋を見るのは初めてです」。類さんの視線の先には、船がのんびりと行き交う瀬戸内海が広がっていた。

善通寺（ぜんつうじ）に本拠を置いた旧陸軍第11師団が開いた工兵道を行く

Column

讃岐平野で特殊な形をした象頭山

上部が平らなテーブル状の形をした象頭山。讃岐富士をはじめ、ミニ富士山のような山が点在する讃岐平野において、象頭山は特異な存在だ。これは1400万年前に当時窪地だった象頭山周辺に、火山活動による溶岩が流れ込み、固い岩盤に覆われたのが原因。その後周辺が浸食されて沈み、このような形状になったとされる。

山頂直下の尾根道は広々として歩きやすい

類さんの一句

春潮(しゅんちょう)の追風(おいて)に任せ象頭山(ぞずさん)へ

春潮＝しゅんちょう、春の季語。

追風＝おいて。民謡「金毘羅船々」の歌詞に登場する。

句意：瀬戸内海の潮は象頭山の方へ流れる。山行の期待は春風に乗って象頭山へとなびく。ときめきを詠んだ一句。

瀬戸内海を航行する船からもその姿を確認できる象頭山

中国・四国

象頭山へのアクセス

金刀比羅宮参道入り口へは、公共交通機関の場合、JR琴平駅またはコトデン琴平駅から徒歩約10分。車の場合、善通寺ICを降り、国道319号を琴平方面へ。参道周辺の有料駐車場を利用。

類'sインプレッション

瀬戸内海と讃岐平野の両方が一望できる眺望の良さは、登る価値があります。それは逆に海からもこの山がよく見えるということ。登ったことで、この山の役割が改めて分かった気がします。

下山の後のお楽しみ ～釜揚げうどん～

弘法大師が中国から持ち帰ったのがルーツといわれる讃岐うどん。江戸時代の金刀比羅宮周辺の絵図にもうどん屋らしき店が描かれていて、古くから親しまれてきた。金刀比羅宮参道入り口近くにあるこちらは、約400年前の旅館が発祥で、当時の建具等を利用した趣あるお店。なめらかでほどよいコシのうどんが自慢だ。

店舗名	虎屋 うどん
住所	香川県仲多度郡琴平町957-1
TEL	0877-89-6746

高知県

横倉山（よこぐらやま）

平家落人の足跡と希少な植物を辿る

類さんの思い出が詰まった故郷にほど近い横倉山。その裾野を縫うように〝奇跡の清流〟と呼ばれる仁淀川（によどがわ）が流れる。山中には1300種以上もの植物が自生し、日本植物学の父・牧野富太郎も足繁く通ったフィールド。各地に残る平家落人の伝説のなかでも、この山のそれは真実味を帯びている。

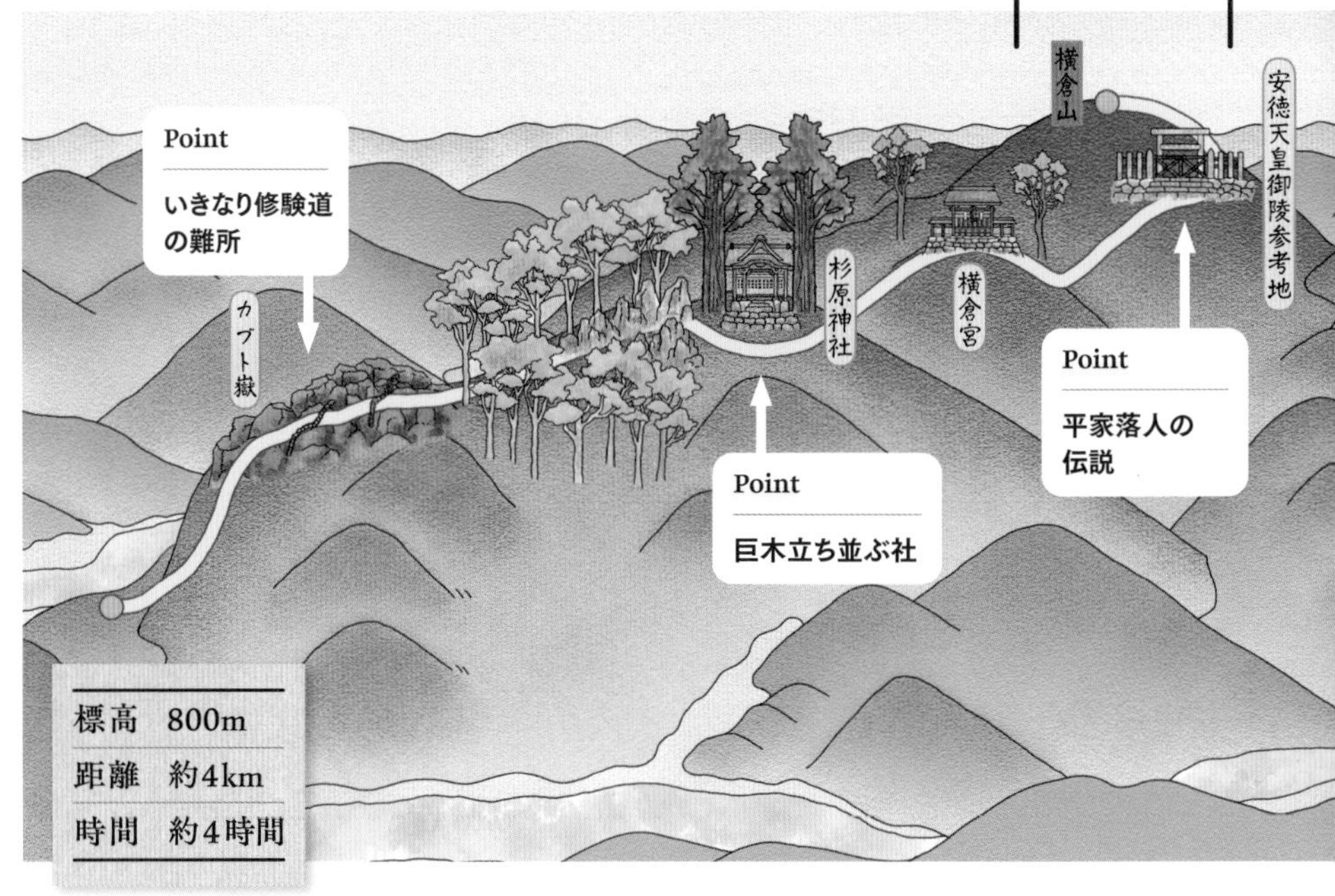

多彩な植生で植物学者も注目コースによりお手軽登山も可能

高知市から西へ車でおよそ1時間の越知町（おちちょう）。その中心部まで来ると独特の山容が望める。麓の横倉神社から車道がのび、駐車場から参道を利用すれば、山頂の横倉宮まで容易に到達するが、今回は中腹の駐車場を起点にして、修験者が辿った厳しいコースを行く。多種多様な植生が見られることから〝植物の宝庫〟ともいわれる。また登山道沿いには平家落人ゆかりのスポットも。歴史と自然が織りなす独特の雰囲気の中を進む。

登山口〜杉原神社

清流と山里を眼下に、修験道の道を越えていく

登山を前に、仁淀川にかかる橋のたもとに立つ類さん。ここから車で1時間ほど遡れば生まれ故郷がある。「この上流で河童のように遊んでいました。横倉山も何度も登っています」と改めて横倉山を感慨深げに仰ぎ見る。ただ今回は、類さんも初めて挑戦するという修験の道を歩く。

標高500mにある駐車場からスタート。登りはじめから「いきなり、この…」と絶句するほどの急登が続き、修行の厳しさを痛感する。

稜線に出ると〝カブト嶽〟と呼ばれる断崖が立ちはだかる。戸惑いつつも、類さんは鎖を手にじわじわと登り詰める。攻略したカブト嶽の上から見えるのは、仁淀川とその先に広がる太平洋。ようやくここで一息つけた。

この先はなだらかな稜線歩き。道沿いには岩が目立つようになった。これらは古い地層の石灰岩。横倉山は、海の生物の化石が発見されるなど、地層や地形が複雑に入り組んだ場所にある。それが植生を多彩にしたという。

植物学者・牧野富太郎も注目し、この山に通った。

「実は子どもの頃、牧野博士のお弟子さんの課外授業を受けました」と浅からぬ関係を語る類さん。牧野富太郎がいなければ、酒場詩人も誕生しなかったかもしれない、とは言い過ぎか。

仁淀川の河畔から山頂を指さす類さん

Column

連続テレビ小説「らんまん」のモデルが通った山!

連続テレビ小説「らんまん」は、日本植物学の祖・牧野富太郎がモデル。富太郎は隣町の佐川町出身で、ほど近い横倉山は植物採取のフィールドとなった。この山でヨコグラノキ、ヨコグラツクバネなど、約20種の新種を発見している。麓の横倉山自然の森博物館では富太郎の植物標本を収蔵し、研究の様子などを展示している。

多彩な植生の横倉山の森。アカガシの希少な原生林もある

杉原神社～山頂

平家落人の伝説ゆかりの地を辿って山頂へ

スギの巨木が並ぶ森に姿を見せたのが、平安時代の創建といわれる杉原神社。その荘厳な佇まいから、この山が長きにわたり信仰の対象となっていたことが伝わってくる。

同社の横に、平家の落人を祀った〝平家の宮〟と掲げられた小さな社が佇む。山中にはこれ以外にも、彼らの墓とされる石積みがいくつも点在している。それに加え、壇ノ浦の戦いから逃れた安徳天皇にまつわる場所も存在するという。「小さい頃から安徳天皇がここに住んでいた、と聞かされてましたから」とその伝説を類さんは信じて疑わない。

再び歩きだした類さんが立ち止まり、何かを発見したようだ。「ありました！」と叫ぶやいなや駆けだす。そこには安徳天皇の住居跡を示す看板が。「初めて見つけました！（安徳天皇の）魂が呼んでいましてね。興奮しました」。どうやら類さんだけが持つ、魂のセンサーが作動したようだ。そんな類さんの言動に同行者は唖然とするばかり。

さらに安徳天皇の墓と伝わる場所を経由し、山頂の眺望所に立つ。「事実は誰にも分かりませんから。（伝説が）実際にあったという夢として描いてもいいと思います」。そこから見える四国山地の山々は、まさに源氏の追っ手を拒むかのように、遥か先まで連なっていた。

杉原神社境内には樹齢500年を超すスギの巨木が立ち並ぶ

安徳天皇御陵参考地へと続く石段を登る

Column

源平合戦で命を落とした!? 悲劇の天皇

3歳で天皇に即位し、壇ノ浦の戦いにおいて崩御したとされる安徳天皇。横倉山に残る伝説では、1187（文治3）年にここへ辿り着き23歳で崩御したとされる。山頂付近には武将の墓や水源とされた安徳水などの史跡が数多くあり、ほかの御陵参考地よりも規模は大きい。もともとあった山岳信仰と共に、この山の神聖性を高めている。

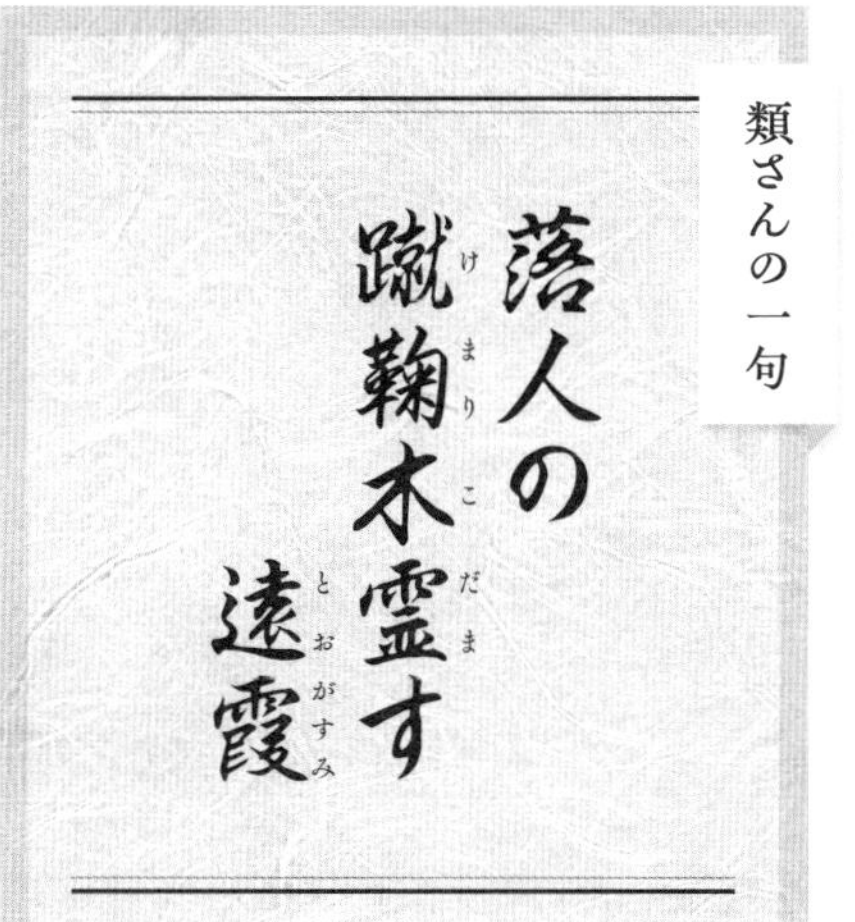

遠霞＝春の季語。
句意：蹴鞠＝鞠ヶ奈呂という地名は蹴鞠をする場所の意。落ちのびた安徳天皇が蹴鞠をしたと伝わる陵墓参考地へ立ち寄った。何処からか蹴鞠の音が聞こえてきそうな雰囲気の森だった。蹴鞠は高貴な人、安徳天皇を指している。

越知町中心部から見える横倉山。手前に流れるのが仁淀川

横倉山へのアクセス

今回の登山口の横倉山第一駐車場へは、公共交通機関の場合、JR佐川駅からバス「大崎」行きに乗車、「宮の前公園」バス停下車。そこから林道横倉長者線を徒歩かタクシー利用で現地へ。

車の場合、伊野ICを降り、国道33号を越知方面へ。越知町内で「横倉山自然の森博物館」方面へ入り、林道横倉長者線を道なりに進む。

日本のどこに行っても
驚くような地形や歴史に出合える。
そしてこの山の大自然は、
単純に登山だけではない学びがあり、
自分を育ててくれた先生みたいなもの。
それを改めて感じさせてもらいました。

下山の後のお楽しみ ～アマゴの塩焼き～

“奇跡の清流”仁淀川はアマゴやアユなど川魚も豊富。シーズンになると多くの釣り人が訪れる。こちらでは大振りのアマゴに塩を振り、じっくり炭火で焼き上げて提供している。皮はパリッと身はふっくらとしながらも、野趣溢れる味わい。しっかりとした弾力と、出汁が染みた特製コンニャクのおでんも食べ応えがあり人気。

店舗名	ドライブイン引地橋
住所	高知県吾川郡仁淀川町引地62
TEL	0889-35-1289

沖縄県

名護岳（なごだけ）

日本一早い桜とやんばるの森

沖縄県北部は古くから〝山原〟＝〝やんばる〟と呼ばれ、文字通り山や森など自然豊かなエリア。その玄関口の名護市にそびえるのが名護岳。日本一開花が早いカンヒザクラ（ヒカンザクラ）の名所でもあり、名護発祥の地ともいわれている。琉球神話の舞台となり、今でも聖地として崇められている。亜熱帯のジャングルをかき分け、名護市民の心のよりどころを訪ねる。

太陽の日も届かない鬱蒼としたジャングルを行く

エリア 六

九州・沖縄

登り始めてすぐに名護湾に虹が架かった

登山口のある名護中央公園でカンヒザクラの歓迎を受ける

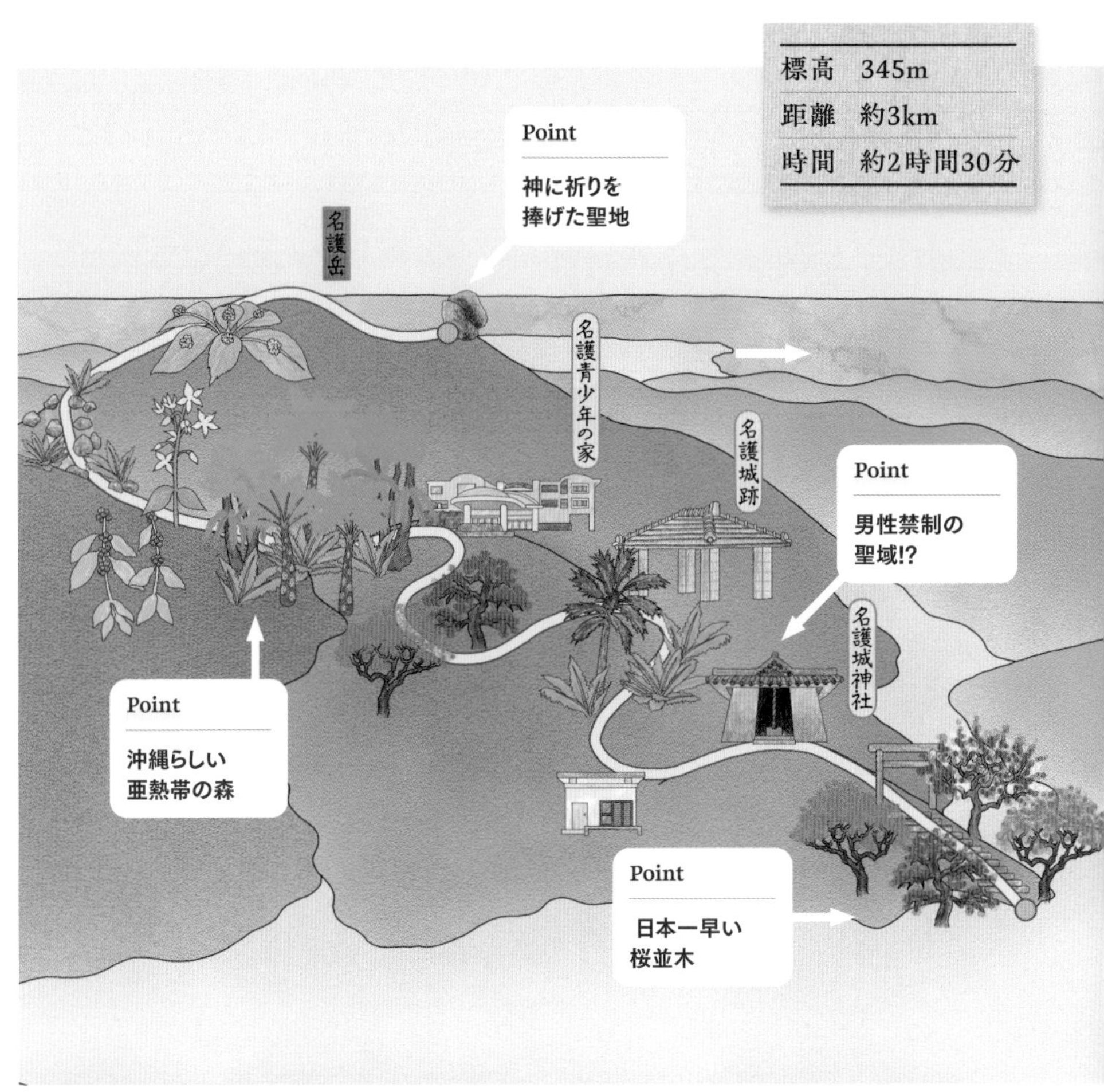

名護を築いた伝承残る沖縄を代表する桜の名所

名護市の市街地の背後にそびえ、一帯は沖縄海岸国定公園に指定されている。市内中心部からアクセスも良く、中腹にある名護城跡を核に名護中央公園として整備され、手軽に登れるハイキングコースが複数ある。沖縄県立名護青少年の家に野外学習で訪れる子どもたちも多い。今回は桜の名所・名護中央公園から名護城跡を経て、南国の草木が生い茂る〝やんばるの森〟を満喫するコース。名護発祥の地を伝える遺構や祈りを捧げた聖地など、沖縄独特の自然と文化に触れてみたい。

登山口～名護城跡

おしとやかなカンヒザクラに見送られ名護のルーツを探る

「沖縄に登る山なんてあるのかな？」。常々そう語っていた類さん。確かに高山はないが、低山はいくつもある。ただし亜熱帯ゆえ、登る季節は限定される。

1月下旬、沖縄と南西諸島をのぞく全国で初雪が観測された日。登山口に咲くカンヒザクラは、満開を迎えようとしていた。濃いピンク色の花が、うつむくように開く。名護岳の山麓は沖縄有数のサクラの名所だ。

名護神社の前に立つ類さん。この右に男性禁制の森がある

♪名護岳に登てぃ　桜花見りば
くりからぬ後や　今日ぬ旅路♪

沖縄伝統の琉歌を即興で歌ってみせる同行の上間綾乃(うえまあやの)さん。『名護岳に登って桜の花を見れば、これから先は今日の旅を思い出すでしょう』。そんな意味を持つ琉歌のプレゼントに感激を隠せない類さん。長い石段を登る足取りがいつも以上に軽快だ。

石段の先に現れた名護神社。ここは御嶽(うたき)と呼ばれ、土地の守り神が天から降りてきて人々と繋がる場所。その脇の森は今も男性禁制だ。近くには聖地を守る女性の神官ノロの住居跡もある。「神聖な場所だから畏れ多い」と一歩引く上間さんを尻目に、興味津々で住居跡をのぞき込む類さん。「僕が小さい頃は、神社は遊び場。お社があるとすぐ入りたくなっちゃうんだよね」。結界をも意に介さない類さんだが、この後バチが当たらぬかが気がかりだ。

ここでみつけた

クバの木

沖縄で聖地といわれる場所に必ずある。神々がこの木を伝って降りてくるといわれている。

Column

名護発祥の地・名護城は神様が降りる場所

琉球神話で神がつくったとされる名護岳。中腹にある名護城(なんぐすく)は周辺を統治した領主が住んでいた。また地域の人々の聖地とされ、10世紀以降、この一帯に名護人が生活していたとされる。名護城跡には14世紀頃の遺構が見られ、祭祀を行うための東屋“神アサギ”などがある。現在も毎年10月に名護城に住んでいた子孫が神事を行っている。

名護城跡〜山頂

南国の海の絶景が広がる山頂からもうひとつの聖地へ

〝ハブに注意！〟。名護青少年の家近くに掲げられた看板を起点に、本格的な〝やんばる〟の森へと入る。頭上を覆うヒカゲヘゴの葉が光を遮り、森は薄暗く湿っている。「いや〜これは恐竜が住む世界ですよ」。

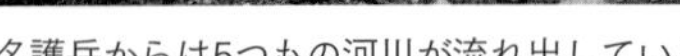
名護岳からは5つもの河川が流れ出している

道は徐々に険しさを増すかと思えば、ふいに下っていき、水が湧く沢に出た。名護岳は周辺地域の水源の山でもある。この水を使って醸すのがオリオンビールだ。

ここから山頂まで登りが続く。道には白いエゴノキの花が誘うように散る。水気を帯びて光を反射するのはクワズイモの葉。小さなヘツカリンドウの花も顔をのぞかせる。本州とは異なる森は新鮮で飽きない。

「ヨイショ、ヒヤ！…着いた！」。沖縄流の掛け声で、最後の急登をこなし山頂に着いた。やんばるの森を挟み、エメラルドブルーの名護湾と東シナ海、そして羽地(はねじ)内海に浮かぶ島々のパノラマが広がる。「ぐるっと見渡せられるじゃん！」。

さらにこの先に〝本当の聖地〟があるらしい。歩くこと数分の場所にあった、埋もれた石をまたごうとした類さん。周囲の指摘で「あ、これが香炉跡なんだ」と気付く。何を隠そう、ここで神官が儀式をした名護随一のパワースポットだ。「ありがとうございました」と手を合わす類さん。苦手なハブと出合わなかったのも、神様のご加護だったのかもしれない。

ここでみえる

ヘツカリンドウ

秋から冬にかけて、九州南部〜沖縄に自生する。花びらの蜜腺が独特の表情を見せる。

類さんの手前に地表から少し顔を出しているのが香炉跡

類さんの一句

潮風に緋寒桜の唄ひ初む

緋寒桜＝冬の季語。南国に咲く緋色（朱）の桜。

唄ひ初む＝緋寒桜の咲き初めを沖縄琉歌の歌手である上間さんの歌い始めとかけている。句意：名護城神社への石段にて緋寒桜の下で同行者が琉歌を唄って歓迎してくれた。その返歌として詠んだ一句。清楚にほころぶ緋寒桜と控えめな彼女のイメージを重ねている。

名護岳には約2万本のカンヒザクラが植えられている

名護岳へのアクセス

登山口となる名護中央公園（名護城公園）へは、公共交通機関の場合、那覇バスターミナルからバス「名護」行きに乗車、「名護城入口」下車、徒歩約10分。車の場合、許田ICを降り国道58号を名護方面へ。名護市街で「名護城跡」の標識に従って進む。同公園に無料駐車場あり。

山頂ショット

初めての沖縄の山で、ちょっとした冒険を楽しめました。そして最後に山頂から360度見渡せたのには驚きました。僕は山の上からずっとサーフーフー（沖縄の言葉で「いい気分」）の連続でした。

下山の後のお楽しみ 〜ソーキそば〜

豚骨、カツオから取ったスープに、ソーキ（豚のスペアリブ）をのせた沖縄の郷土料理ソーキそば。“元祖ソーキそば”を掲げるこちらでは、余分な脂とアクを丁寧に取ったスープに、柔らかく甘辛いソーキが絶妙。濃厚ながらヘルシーに仕上げている。合わせる“やんばるの水”仕込みのオリオンビールものどごしがいい。

店舗名	我部祖河食堂 本店
住所	沖縄県名護市我部祖河177
TEL	0980-52-2888

大分県

鶴見岳

いで湯のまちの守り神

別府の湯煙の背後にそびえる活火山・鶴見岳は、日本を代表する温泉街のシンボル的存在。麓と山頂に祀られるのは、その温泉の守護神。厳冬期、山頂に現れる神秘的な霧氷の風景に心を奪われる。またそこから望める別府湾には名前の由来となった鶴が浮かび上がる。

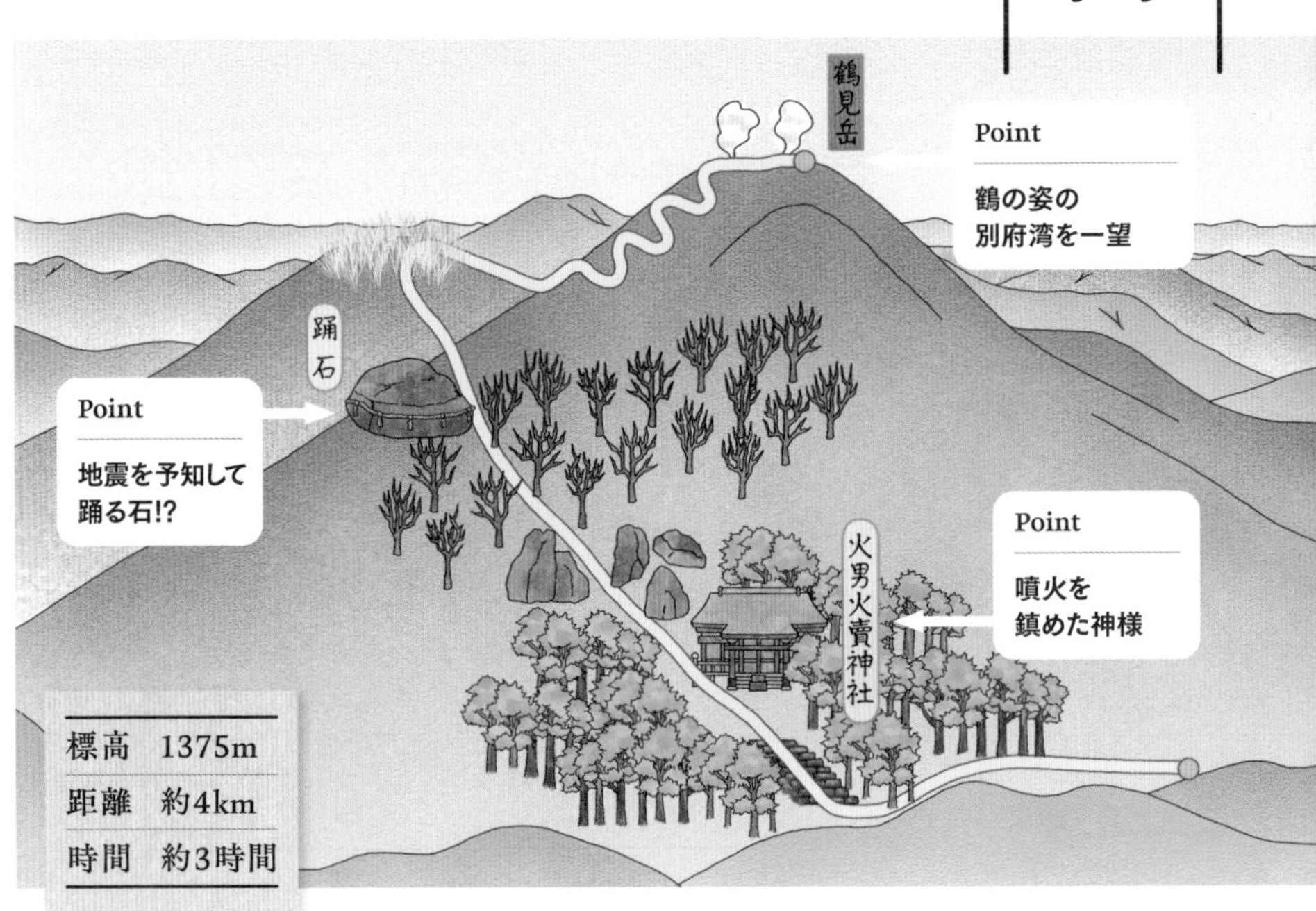

四季を通じて楽しめる湯のまち別府のシンボル

別府湾からそのまま一気にそそり立つ姿が印象的な鶴見岳。ロープウェイを使って山頂からの眺望を楽しむのが一般的だが、御嶽権現社（火男火賣神社）から続く登山道を使って、一気登山大会が開催されるなど、年間を通じて登山を楽しむ人も多い。九州にありながら、冬には珍しい霧氷が現れる。今回は冬季登山を敢行し、温泉の守り神から銀世界、そして別府湾の絶景という見どころ多き贅沢なトレッキングを試みる。

登山口～踊石

名湯の守り神が住まう鎮守の森を行く

類さんが別府を訪れたのは、寒さが厳しい1月。あえてこの時期を選んだのは、鶴見岳の神秘的な霧氷の姿が念頭にある。氷点下で風が強く、湿度が高い日という条件で現れる霧氷。麓から見える雪化粧した山肌に、期待も膨らむ。

スギの巨木が連なる森にのびる登山道にも、すでにうっすらと雪が積もる。しばらく歩くと正面に仲良く並んだ夫婦スギが現れた。「このスギは、神社の鳥居も兼ねているのですね」と見抜く類さん。この夫婦スギをくぐり、長い石段の先に鎮座するのが火男火賣神社。その昔、鶴見岳の噴火を収めた温泉の守り神として、別府の人たちから崇められてきた。

神社からが本格的な登山道。道沿いには大きな岩が点在し、噴火のすさまじさを物語る。周囲の森は、いつしかスギ林から常緑樹林へと移り、樹齢500年を超える巨木が静かに息づく。「暑くなってきましたね」。1時間以上も登り続けるとさすがに類さんの体も温まったようだ。とはいえ、足元の雪は深くなるばかり。慎重に歩を進める。

標高1000mを超えたところで見つけたのは、地震を予知するという謂れのある踊石。これを目印にルートを変えて、見晴らしの良さで知られる南平台（なんぺいだい）へと向かう。

スギの巨木の間に火山由来の巨岩がそこかしこに姿を見せる

Column

鶴見岳を神格化した二神を祀る火男火賣神社（ほのおほのめじんじゃ）

849（嘉祥11）年に創建。鶴見岳の男嶽、女嶽の二峰を火男神、火賣神の二柱の神様として祀っている。867（貞観9）年に鶴見岳が噴火した際、神前で大般若経が読まれ、噴火を鎮めたとされる。1276（建治2）年には一遍上人（いっぺんしょうにん）が立ち寄り、別府温泉郷のひとつ鉄輪（かんなわ）温泉の石風呂を開いたとされ、温泉の守り神として信仰を集めている。

九州の山々を一望する南平台からの登頂を目指す

標高が上がる度に雪は深まるばかり。「アイゼンがあったほうがいいかもしれませんね」。滑りやすくなった足元に備え、類さんは軽アイゼンを装着する。低山といえども装備は万全にするのが登山の鉄則。

高低差約800mを101人乗りの大型ゴンドラで進む

周囲は本格的な雪山の様相を呈し、一歩進むだけでも難渋する。「いや〜九州にいることを忘れてしまいます」。あたりはダイヤモンドダストのように輝く小雪が舞い、銀世界に絶妙なアクセントを加える。

尾根に出ると強風が吹き付け、雪がさらに強くなる。なんとか南平台に辿り着くが、周囲は完全にホワイトアウト。登山に不慣れな同行者もいるため、この日は類さんの判断で、下山を決意する。

吹雪が嘘のような快晴の翌日。昨日の疲れもあり、今回はロープウエイで山頂付近まで行く。苦労した雪の斜面を、わずか10分ほどで上がり鶴見山上駅に到着。山頂までは雪かきされた遊歩道を約15分。

その道中出迎えてくれたのが、念願の霧氷の森。「花のように美しい！」と歓喜の声を上げる類さん。山頂からは、鶴が羽を広げたように見える別府湾を一望する。

今回は、自力での登頂には至らなかったが、ロープウエイで気軽にリベンジできるのも、整備された低山ならではの山行といえるだろう。

Column

南平台から眺めたかった名峰・由布岳

南平台から望める由布岳（標高1583m）は、その独特の山容から古くから信仰の対象であり、現在も周辺地域のシンボルとして親しまれている。別府湾からも鶴見岳の後方に望むことができる。『日本百名山』の著者・深田久弥が選ばなかったことを後悔したとの逸話もあるが、現在は「新日本百名山」「二百名山」に選ばれている。

霧氷は午後になると融けてしまうので午前中が見頃

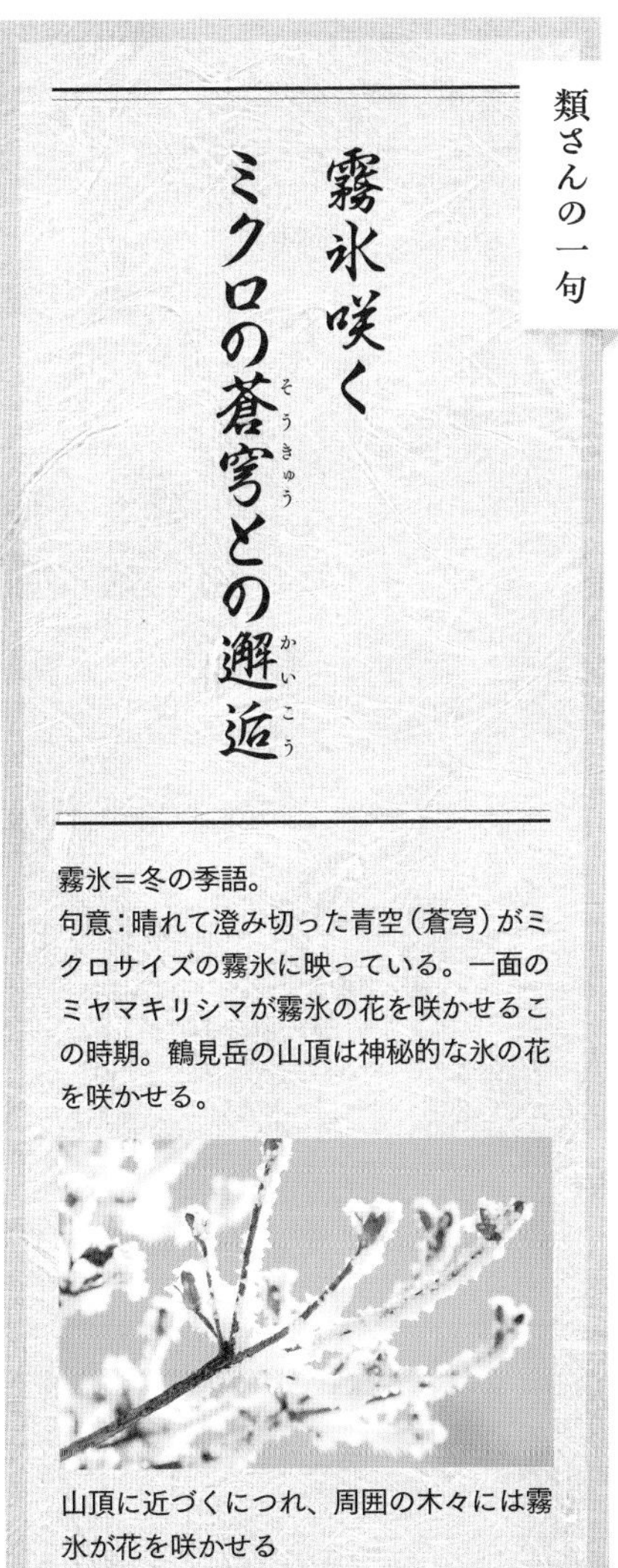

類さんの一句

霧氷咲く
ミクロの蒼穹（そうきゅう）との邂逅（かいこう）

霧氷＝冬の季語。
句意：晴れて澄み切った青空（蒼穹）がミクロサイズの霧氷に映っている。一面のミヤマキリシマが霧氷の花を咲かせるこの時期。鶴見岳の山頂は神秘的な氷の花を咲かせる。

山頂に近づくにつれ、周囲の木々には霧氷が花を咲かせる

鶴見岳へのアクセス

今回の登山口・御嶽権現社（火男火賣神社）へは、公共交通機関の場合、JR別府駅西口からバス「湯布院」行きに乗車、「旗の台」バス停下車、徒歩約5分。
車の場合、別府ICを降り、県道11号を日田・湯布院方面へ。別府ロープウエイ、または火男火賣神社の駐車場を利用する。

類'sインプレッション

今回は途中で
断念することになりましたが、
自然の脅威があるからこそ、
豊かな恵みがあるわけです。
ダイナミックな大自然と
湯のまち別府の生活が、
すぐ隣り合わせにあるところが
面白い山だと思います。

下山の後のお楽しみ ～地獄蒸し～

地球の奥底から届いた地熱エネルギーの体験施設の食堂では、温泉の蒸気を利用して、野菜や魚介類を蒸す「地獄蒸し」が味わえる。食材は大分産の新鮮なものばかり。蒸気で蒸すことにより、魚介は旨みが凝縮され、野菜も甘さが引き立つ。塩や醤油、ぽん酢など自分好みの味付けで楽しむ。『大分むぎ焼酎 二階堂20度』のお湯割りもおすすめだ。

店舗名	地熱観光ラボ 縁間
住所	大分県別府市鉄輪字風呂本228-1
TEL	0977-75-9592

福岡県

貫山

地球の営みを感じる日本三大カルスト

およそ3億年前の地殻変動により形成された貫山。広大な草原に石灰岩の奇岩がいくつも露出し、山口県秋吉台、四国カルストに並ぶ日本三大カルストのひとつに挙げられる。北九州の市街地近くにありながら日本離れした風景は、壮大な地球の物語を感じる心躍るトレッキングだ。

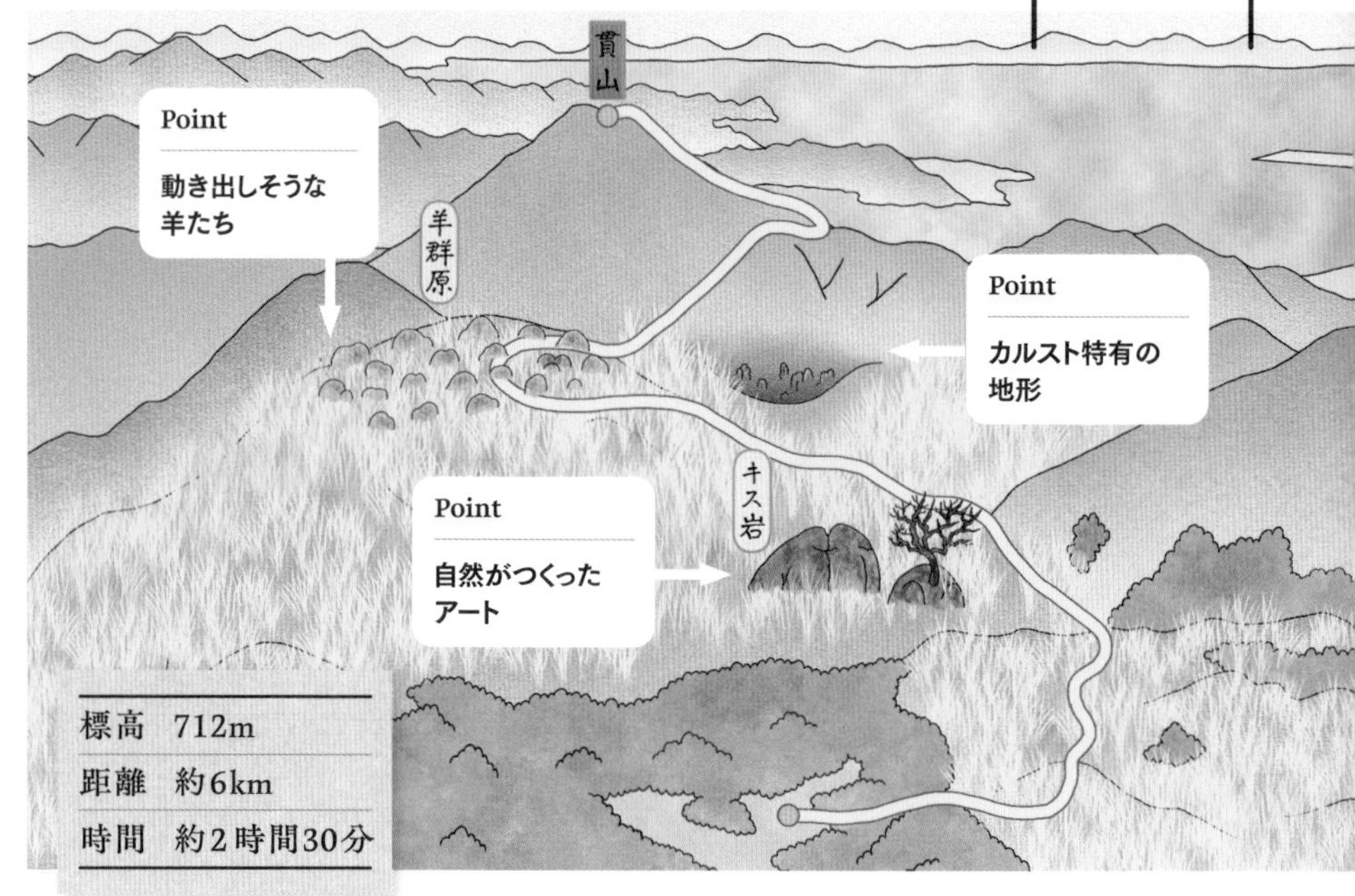

標高	712m
距離	約6km
時間	約2時間30分

不思議な奇岩群と鍾乳洞で登山以外でも楽しめる山

北九州市の中心地・小倉から車で約40分のカルスト台地・平尾台。その頂にある貫山の周囲は、標高300〜700m、南北6km、東西2kmにわたり、石灰岩が露出する草原が広がる。それを縫うようにいくつかの登山道がのび、その地下には国の天然記念物である鍾乳洞もある。地殻変動と石灰岩の性質、さらに人間も関係して生まれた奇跡の光景が目当ての観光客も数多い。春の野焼き、夏の新緑、秋のススキと季節による表情の変化も見どころだ。

登山口～キス岩

爽快な大草原でユーモラスな奇岩のお出迎え

「北九州といえば、角打ち（店内で飲める酒屋）はよく見かけたでしょ？」と、初っ端から同地出身の同行者の、山とは関係のない質問から始まった今回の山行。角打ちも名物だが、貫山がある平尾台もそれに劣らぬ有名観光地。とはいえ、冬のこの日は人もまばら。

登山口の茶ヶ床園地から角打ち談義をしつつ歩を進めると、早くもカルスト台地らしい草原が広がる。ススキの間に、無数の石灰岩が横たわる光景を目にした類さんも「いや～雄大。日本じゃないみたいだね！」と感嘆。視線を上げると貫山の姿も見える。

中峠分岐を左へ折れ、しばらくすると〝↑キス岩〟との道標を発見。その先に現れたのは、ふたつの岩がまさにキスをしているように見える奇岩。さらに近くには岩から根を生やした「ド根性の木」なる奇岩も。これらはいずれも石灰岩。風雨に浸食されやすい性質のため、このような不思議な造形が生まれたらしい。しかも平尾台にいくつも顔を出している石灰岩は、地下で繋がっているとのこと。

巨大なひとつの石灰岩が長い時間をかけ削られ、残った部分が露出しているという成り立ちを知った類さん。「これはビックリですね。もう山全体が不思議に包まれているね」とただただ驚くばかりだ。

登山道は露出した石灰岩が点在する草原に続く

Column

広がり続ける千仏鍾乳洞

貫山の周辺の石灰岩は、およそ3億年前に堆積した珊瑚礁がプレートの移動によって運ばれてきた。平尾台には、その石灰岩が地下水に浸食されて生まれた洞窟が200もある。なかでも千仏鍾乳洞は最大規模を誇り、長さ約900m、最大幅10m、最大高15mにもなる。豊富な地下水が流れ、現在も洞窟内部を浸食し続けている。

カップルのデートスポットとしても知られるキス岩

キス岩～山頂

急登の序章はヒツジが遊ぶ童話の世界

どこまでも続く草原を見渡せば、すり鉢状の窪地が点在することに気付く。これも〝ドリーネ〟と呼ばれるカルスト特有の地形。平尾台に400ほどあるという。そしてその下には鍾乳洞が形成されている。「人里が近いところに、このような地形があるのはすごいことですね」。

石灰岩の隙間を雨水が流れ込み形成されるドリーネ

実は人里の近さが、この草原をつくる要因でもある。かつてこの地は、屋根の材料や家畜の飼料となる茅の刈り場だった。茅の需要は減ったが、今も野焼きを続けることで、この特異な景観を維持している。また野焼き後は、茅以外の草花が芽吹くのも観察しやすい。平尾台で年間に楽しめる草花は約900種類を数える。

「すごい豊かなんですね！　しかし冬は冬で、岩が賑やかに見えます」という類さんの目の前には、先ほどにも増して様々な石灰岩が並ぶ。それはまるで生きたヒツジの群れのよう。それもそのはず、ここは〝羊群原（ようぐんばる）〟と呼ばれるエリア。「僕たちは童話の中を歩いている」とメルヘンに浸るのもつかの間。この先から山頂までは、急登が続く厳しい現実が待ち受ける。

会話するのもままならぬ登りを越え、「空に飛び込んだ」と喜びを表現する類さん。ここからさらにもう一踏ん張りの末、ついに北九州の街並みと周防灘（すおうなだ）の眺望が自慢の山頂に至ったのだった。

Column

人の営みが希有な景観を保った

江戸から昭和にかけて、貫山周辺は生活に欠かせない茅を育てる茅場だった。毎年春に野焼きをすることで、新しい茅の成長を促した。現在も毎年2～3月に景観維持や害虫駆除を目的とした野焼きを行っている。野焼き後の黒く焦げた草原と白い石灰岩もまた独特の光景を生み出す。野焼き当日は周辺への立入は禁止される。

丸みを帯びた石灰岩がヒツジの群れに見える羊群原

類さんの一句

接吻も
魔法は解けぬ
枯野かな

枯野＝冬の季語。
句意：貫山には、キス岩や羊群原など、石灰岩が風雨の浸食によって奇岩の様相を呈している。キス（接吻）岩をはじめ貫山の奇岩は魔法によって岩になったかのよう。童話にあるようなキスによっても魔法は解けていない。貫山は枯野ながら魔法にかかったようなドラマに満ちていた。

丸みを帯びた形が特徴の貫山の石灰岩群

貫山へのアクセス

登山口となる茶ヶ床園地へは、公共交通機関の場合、JR石原町駅からバス「おでかけ交通」（※運行日時注意）に乗車、「平尾台自然観察センター」で下車し、徒歩約30分。

車の場合、福岡方面からは小倉南IC、大分方面からは行橋ICが最寄りIC。茶ヶ床園地に駐車スペースあり。

類'sインプレッション

登山道は歩きやすいですが、
最後は少しキツかったですね。
そのぶん、
見晴らしの良さで報われます。
また人の営みのすぐそばに、
あんな神秘的な景観が
残っているのも印象的でした。

下山の後のお楽しみ ～ぬか炊き～

北九州に古くから伝わるぬか炊きは、イワシなどの青魚をぬかみそ（ぬか床）で炊き込む郷土料理。魚を醤油、みりん、砂糖などで煮て、最後にぬかみそで炊き込むことで、臭みが抜け、ほのかな酸味と凝縮された旨みが広がる。米の風味が立つ林龍平酒醸場の『九州菊』との相性も良く、つい飲み過ぎてしまいそうだ。

店舗名	個料理 中村家
住所	福岡県行橋市中央2-7-29
TEL	0930-24-7655

あとがき

番組で訪れた低山は、修験道の拓いたルートを辿ることも少なくない。厳しい鎖場などが現れるのはその所為でもある。修験道は、太古に起源をもつ山岳信仰に大陸から伝わった仏教や道教の影響を受けつつ成立した。仏教の一派として〝修験宗〟と称されることがあり、登山道沿いに摩崖仏や石仏が多いのもうなずける。

そして里山でもある低山。自然や祖先の霊を神として尊崇する〝神道〟の信仰対象でもある。麓や山頂に建つ鳥居や社がそれを表している。いつの間にか登山の際、神社や仏閣に安全を祈願するのが習慣となり、〝神仏習合〟の信仰形態を体感するのが常だ。

また地質学の入門編となった低山がある。石灰岩から成るカルスト地形で、羊郡原（ようぐんばる）や前衛美術のような奇岩、すり鉢状の窪地〝ドリーネ〟などを北九州市の貫山（平尾台）で見られたことに感激した。山容の美しさもさることながら、地質への好奇心を大いにくすぐられた。

僕らは古生代の石灰岩を歩くことも、中生代まで繁栄したアンモナイトの化石を掘り当てることもできる。ある時

はバームクーヘンの断面みたいに褶曲（しゅうきょく）した地層の断崖を見上げて絶句した。

一方、人が壊滅させた低山も多々あった。燃料を取るための伐採や鉱山の開発など原因はさまざま。人が入山しやすい里山の宿命であるかのようだ。番組で登った六甲山系にも無残なはげ山となった歴史がある。花崗岩の山が地表の緑を失うと、浸食による崩壊がすすんで漂白されたようになる。神戸港から望む六甲山は、まるで雪が降ったように見えたらしい。植物学者の牧野富太郎が眺めて唖然としたという逸話が残っている。

地球の環境破壊は人為的なもの。熱帯雨林の消滅も温暖化に拍車をかけている。ならば六甲山のように人の植樹努力で回復させたい。けれど、パンドラの箱は開いたままだ。

低山を行く一歩はささやかだが喜びもついてくる。この地球という名の惑星から〝希望〟を掘り当ててみよう。

低山歩きの番組『にっぽん百低山』が書籍となってとても嬉しい。ご協力して頂いた方々、偶然の出会いに笑顔を返してくださった皆さん。心より感謝します。

吉田 類

「にっぽん百低山」制作スタッフ（五十音順）

語り
浅野里香
池田伸子

撮影
石井邦彦
河邉則宏
古賀一彰
濱野　実
藤枝孝幸
藤田岳夫
筈井貴之
森屋　進
脇屋弘太朗

映像技術
石川浩通
櫻　裕貴
嶋田栄一
棚橋雄太郎
渡部敦也

音声
赤津英彰
伊奈勇人
井之上大輔
岡部卓史
片浦　渓
金子真太朗
金　起煥
齋藤　楓
関　佳波
橋本吉剛
林　絵海
水野暢子
室　明文
渡辺盛男

音響効果
秋山佳歩
井貝信太郎
喜舎場貴裕
小島健太郎
小島利昌
鈴田佑土

高嶺利規
松島緩葵
宮嵜郷仁

CG制作
根本サナエ

編集
大島　浩
坂本雄一
多胡実信
田島彦士
田中正行
永島　昇
益富桜子
松本幸志郎
三池信之
綿貫俊介

取材
岡田あおい
神山陽佑
川俣佳子
香月　快
崔　笑瑜
中島未由希
宮田彩花

ディレクター
渥美尚之
小倉　朗
北原慎一朗
金　聖雄
木村輝一郎
永尾秀樹
西　拓真
松本正平
三戸宏之
山盛彦武

プロデューサー
山口智史
山田博之

制作統括
国沢五月
中島木祖也
藤田英世

制作協力
アズマックス
東京ビデオセンター

制作
ＮＨＫエンタープライズ

制作・著作
ＮＨＫ

撮影協力

手稲山　林 俊一
藻岩山　古沢 仁
　山形誠一
函館山　木村マサ子
田代岳　綴子神社・武内尊英
本山　澤木博之
太平山　石塚 稔
姫神山　森 義真
泉ヶ岳　下山倉美
猫魔ヶ岳　山口恒憲
月居山　飯村尋道
岩櫃山　吉田智哉
川苔山　原島幹典
　三田信一

鋸山　鈴木裕士
烏場山　相川好夫
鍋割山　草野延孝
大平山　吉田揚子
　御法川 齊
　長浜 勝
　栗田洋二
金時山　鈴木秀峰
　西脇 章
角田山　阿部英喜
弥彦山　田中三枝子
　彌彦神社
羅漢寺山　雨宮洋一
伊吹山　堀江 寛

金剛山　千早神社 氏子総代・松本昌親
　平野次男
龍王山　石田大輔
六甲山最高峰　前田康男
弥山　横田 徹
象頭山　金刀比羅宮 禰宜・請川誠之
　山崎智久
横倉山　斉藤政廣
名護岳　岸本 林
鶴見岳　嘉手川 良
貫山　岩本昌子

吉田類 よしだ・るい

酒場詩人。俳人、イラストレーター。1949年高知県生まれ。著書に『酒場歳時記』（NHK出版新書）、『酒場詩人の流儀』（中公新書）など。テレビ出演に「吉田類の酒場放浪記」（2003年〜、BS-TBS）、「にっぽん百低山」（2020年〜、NHK）。

吉田類の愛する低山30

※掲載している情報は
2023年5月現在のものです。

2023年6月25日 第1刷発行
2023年7月25日 第3刷発行

著　者　吉田 類

発行者　松本浩司
発行所　NHK出版
〒150-0042　東京都渋谷区宇田川町10-3
TEL 0570-009-321（問い合わせ）
TEL 0570-000-321（注文）
ホームページ　https://www.nhk-book.co.jp
印刷・製本　共同印刷

編集／執筆／写真
藤川 満

イラストマップ
根本サナエ

デザイン
尾崎行欧
本多亜実
北村陽香
（尾崎行欧デザイン事務所）

DTP
滝川裕子

校正
円水社

Printed in Japan　ISBN978-4-14-081941-8　C0095